Dan Lindholm
Götterschicksal – Menschenwerden

GÖTTER-SCHICKSAL

MENSCHEN-WERDEN

aus der Edda nacherzählt
von Dan Lindholm

Illustrationen nach Steinschnitten
von Walther Roggenkamp

Verlag Freies Geistesleben

Dan Lindholm, 1908 – 1998, war viele Jahre Waldorflehrer in Norwegen, zudem Dozent für Waldorfpädagogik in Stuttgart.

Walther Roggenkamp, 1926 – 1995, war ein vielseitiger Grafiker, Maler, Logo- und Schriftdesigner. Viele Jahre prägte er unter anderem das grafische Erscheinungsbild der Weleda AG.

Neuausgabe 2020
(8. Auflage)

ISBN 978-3-7725-1198-1

Verlag Freies Geistesleben
Landhausstraße 82
70190 Stuttgart
Deutschland

www.geistesleben.com

Einbandillustration: Walther Roggenkamp
Druck: Livonia Print, Rīga
Printed in Latvia

Inhalt

Zum Geleit

Der Inhalt dieser Darstellung fügt sich aus der älteren und der jüngeren Edda zusammen, den Liedern und den Sagen. Nur beiläufig wurden andere Quellen, die ja ohnehin spärlich sind, herangezogen. Auch finden sich da oder dort einige Sätze, die nicht unmittelbar aus den genannten Quellen hervorgehen. Ihre Aufgabe ist lediglich, den Sinn und die Ganzheit da zu wahren, wo sonst diese beiden dem heutigen Anschauen verhüllt bleiben müssten. Denn die Edda wurde uns ja nicht ohne Lücken erhalten. Sie bietet sowohl dem Forscher wie dem Nacherzähler die denkbar größten Probleme.

Die Gesichtspunkte der vorliegenden Arbeit ergaben sich aus einer langjährigen Beschäftigung mit dem Stoff sowie mit der Geisteswissenschaft Rudolf Steiners. Damit ist wohl auch gesagt, wodurch sich diese Darstellung von den zumeist vorliegenden unterscheidet. Denn durch die anthroposophische Geisteswissenschaft ergab sich ein Weg, um Geist und Wesen des Mythos viel näher zu kommen, als es wohl sonst möglich gewesen wäre. Besonders seien die Vorträge hervorgehoben, die Rudolf Steiner 1910 in Oslo (damals Christiania) unter dem Titel «Die Mission einzelner Volksseelen im Zusammenhange mit der germanisch-nordischen Mythologie» hielt.

Auch dem schönen Buche Ernst Uehlis *Nordisch-Germanische Mythologie als Mysteriengeschichte* verdanke ich bedeutsame Aufschlüsse.

An dieser Stelle sei Herbert Blank gedankt, der mir bei der Niederschrift in deutscher Sprache eine außerordentliche Hilfe leistete. Als ein ganz besonderes Glück sehe ich es an, dass Walther Roggenkamp die Illustrationen zu dieser Darstellung geschaffen hat.

Dan Lindholm

Vom Ursprung der Edda

Die Menschen der Vorzeit schieden nicht immer das Leben in ein Diesseits und ein Jenseits: Hier die Welt der augenscheinlichen Dinge, dort eine Welt der übersinnlichen Mächte. Wohl war diese Scheidung unterwegs. Noch hatten sich aber Götter und Menschen nicht ganz voneinander getrennt. Die Trennung kam später.

Heute sieht sich der Mensch auf der höchsten Stufe der Schöpfung: Unter sich hat er die Reiche der Tiere, Pflanzen und Gesteine. Damals empfand er sich sogleich auf der untersten Stufe der schöpferischen Wesen. Über sich sah er die Reiche der Götter. Diese gehörten aber zu ihm wie er zu ihnen. Und wenn er um sich in die Natur hinausschaute, fand er überall eine Welt vor, die ihm Erinnerung an Ymir war, jenen unermesslichen Riesen, aus dem alles entstanden ist.

Diese Erinnerung war ihm aber halb wie ein Traum. Nicht unterschied er jederzeit scharf zwischen heller Gegenwart und Erinnerungstraum.

So war es im Anfang. Doch immer seltener tauchte die Gabe des Schauens und Sicherinnerns auf. Zuletzt waren es nur erlesene Menschen, die in gewissen Augenblicken wie in Verzückung gerieten. Dann hatten sie ihre Schauungen, und es offenbarte sich durch ihren Mund die uralt heilige Kunde, «das Lied der Ahnfrau». Es sind eben meist Frauen gewesen, die diese Gabe besaßen. Lieder dieses Ursprungs sind uns in der älteren Edda erhalten. Schon das Wort Edda deutet diesen Ursprung an, denn es heißt so viel wie Ahnfrau oder Urgroßmutter.

Worte und Sinn der Eddalieder sind nicht immer leicht zu deuten. Die Bilder blitzen wie aus dunklem Urgrunde herauf, oft mit großen Abständen dazwischen.

Frauen, welche die Gabe des Schauens besaßen, standen bei den

Menschen des Nordens hoch in Ehren. Eine solche Frau wurde auch Wala, oder altnordisch Wolve, genannt.

Zu den Liedern der älteren Edda kommen die Sagen der jüngeren. Diese füllen manche Lücke aus und ermöglichen uns, einen Zusammenhang zu sehen.

Auch die jüngere Edda geht auf eine Schauung, vielleicht besser gesagt, auf eine Einweihung zurück. Denn da wird uns als Erstes die Sage von König Gylfe erzählt. Es heißt da:

In Switjod – so nannte man das alte Schweden – lebte ein Mann. Der hieß Gylfe und war ein mächtiger König. Zu ihm kam einmal eine Seherin. Sie hieß Gevjon. König Gylfe hatte an seinen Gesprächen mit Gevjon solchen Gefallen, dass er ihr zur Belohnung so viel Land versprach, als sie an einem Tage umpflügen könnte. Gevjon spannte ihre vier Söhne, die sie in Gestalt von Stieren mit einem Riesen gezeugt hatte, vor den Pflug. Die Stiere trugen Sterne an der Stirn, das waren ihre Augen. Sie zogen, dass der Dampf von ihnen ging. Und auf diese Weise pflügte Gevjon ein großes Stück Land aus Switjod heraus und wälzte es ins Meer. Da wurde es zu einer Insel, die heute zu Dänemark gehört und Seeland heißt. Wo Seeland gelegen hatte, bildete sich ein gleich großer See, Vänern. Somit erklärt sich, warum Buchten in Vänern und Halbinseln auf Seeland einander immer entsprechen.

Gylfe musste zugeben, dass ihn Gevjon überlistet hatte. Deshalb entschloss er sich, jene Götter aufzusuchen, die von alters her Asen genannt werden, um bei ihnen zu erkunden, was an Weisheit ihm noch mangele. Denn es wunderte ihn sehr, dass die Asen immer imstande sind, alles nach ihrem Wunsch und Willen zu lenken.

Der König verkleidete sich als armer Bettler und begab sich auf einen langen Weg. Die Götter aber ließen sich nicht durch seine Verkleidung täuschen. Sie sahen von weitem den Wanderer und schickten sich an, ihn mit seltsamen Gesichten zu empfangen. Ehe sich Gylfe recht besann, glaubte er vor einer Burg zu stehen. Die war größer und herrlicher als er je eine in seinem Leben gesehen hatte. Das Dach war überall mit goldenen Schildern gedeckt, die Mauern so hoch, dass sie zum Himmel hinaufragten. Vor dem Tore begegnete Gylfe ein Mann, der immerfort mit sieben Schwertern spielte; er warf sie der Reihe nach in die Luft und nie verlor er eines. Der Mann fragte Gylfe nach seinem Namen, und Gylfe nannte sich Ganglere, – so heißt immer auch Odin, wenn er auf Wanderschaft geht. Ganglere – das will sagen: der gegangen ist – fragte nun, wer in dieser Burg König sei. Der Mann mit den Schwertern antwortete: «Ich werde dich vor unseren König führen.» Ganglere schritt über die Schwelle, das Tor öffnete sich wie von selbst und fiel auch wie von selbst hinter seiner Ferse zu.

Als Ganglere in die Halle trat, sah er viel Volk auf vielen Böden, denn es ging da sehr lebhaft zu. Einige spielten, andere saßen beim Trank, wiederum andere setzten einander mit Waffen zu. Da sprach Ganglere:

Tu deine Augen auf,
wo du durch fremde Türen trittst.
Schaue in allen Ecken nach,
was da verborgen sich hält.

Diese Worte finden sich in einem alten Eddalied, genannt «Die Lehren des Hohen». Hier, wo ein Mensch in die Halle des Hohen trat, schien es ein Kenn- und Richtwort zu sein. Denn jetzt sah auf einmal Ganglere sich vor einen dreifachen Hochsitz gestellt, einer über den anderen ragend. Auf jedem saß ein großer Mann. Ganglere fragte seinen Begleiter nach dem Namen dieser drei. Dieser antwortete, dass, wer unten sitzt, ihr König sei. Seinen Namen aber verschwieg er.

«Wir heißen ihn Hoch», sagte er, «den Zweiten nennen wir Gleichhoch, den, der oben sitzt, Dritt.»

Nun begann Hoch zu sprechen. Er fragte nach Gangleres Wunsch, und zum Torwächter sagte er: «Speise und Trank bietet ihm an wie jedem, der in unsere Halle tritt.» Ganglere aber wollte nichts genießen. Denn nicht wegen Speise und Trank sei er gekommen, sondern um zu erkunden, ob er an diesem Ort einem Wissenden begegnen werde. Da hat Hoch geantwortet: «Niemand entkommt mit dem Leben von hier, der nicht selber ein Ding weiß, das uns verborgen blieb. Du bleibe nun stehen, dieweil du fragst. Sitzen darf, wer Antwort gibt.»

Ganglere fragte: «Wer von allen Göttern ist der Älteste?»

Hoch antwortete: «Er hat viele Namen. Hier nennen wir ihn Allvater. Er lebt durch die Zeiten und gebietet über sein Reich. Auch weiß er von allen Dingen, großen wie kleinen.»

Gleichhoch antwortete: «Er wirkte Himmel und Erde, die Luft und das Wasser.»

Sprach Dritt: «Sein größtes Werk ist, dass er den Menschen schuf und ihm einen Geist gab, der nicht zugrunde geht, wenn auch der Leib verwest.»

Ganglere fragte: «Was tat er, ehe Himmel und Erde waren?» Hoch antwortete: «Da war er bei den Thursen.»

Immer weiter nach allen Einzelheiten fragte Ganglere, und die drei gaben der Reihe nach Antwort, erst Hoch, dann Gleichhoch, zuletzt Dritt. Oft sprach nur Hoch.

Das Gespräch dauerte sehr lange und ging von den ersten bis zu den letzten Dingen. Als es zu Ende ging, ertönte für Gangleres Ohren ein gewaltiger Donner. Er blickte schnell zur Seite. Als er aber wieder hinschauen wollte, war die Burg verschwunden, und Gylfe stand mitten auf einer großen Ebene. So weit er um sich schaute, war nur die Einöde da.

Offenbar hat Gylfe doch ein Ding gewusst, das jenen Göttern unbekannt, denn er ist mit dem Leben davongekommen.

Da machte er sich auf den Heimweg und kam in sein eigenes Reich zurück. Die Sagen, die Gylfe in der Halle des Hohen gehört hatte, erzählte er seinen Kindern und Hausleuten. Später erzählten sich die Geschlechter, eines dem anderen, immer weiter, was Gylfe in der Burg erfahren hatte.

Und so hat sich die Kunde bis auf unsere Tage erhalten.

GÖTTERSCHICKSAL – MENSCHENWERDEN

Vom Riesen Ymir und der Kuh Audhumbla

Im Ursprung gab es die Erde nicht, den Himmel nicht, kein Gras, keinen Grund. Nicht gab es die See, noch deren kühle Wogen. Nur eines gab es: den gähnenden Abgrund, genannt Ginnungagap.

Da strömten vom Norden aus Niflheim frostige Flüsse hinab, zwölf an der Zahl. Ihr Quell war der Brunnen Hwergelmir. Die Flüsse bildeten ein eisiges Meer, Eliwoger.

Hinauf sprühte vom Süden, aus dem glühenden Muspelheim, Feuer. Vom Eise schmolz da etwas. Jetzt, durch die Macht des Feuers, rührte sich im Reife lebendiges Keimen. Es wuchs der Riese heran, der ungeheure, den man Ymir nennt. Auch entstand die Kuh Audhumbla. Aus ihren Eutern flossen vier Milchbäche, davon Ymir trank.

Audhumbla leckte den salzigen Reif, andere Nahrung kannte sie nicht. Wie sie des Tages leckte, kamen am Abend die Haare eines Mannes hervor. Am zweiten Abend ragte der Kopf heraus, am dritten erschien die ganze Gestalt. Das war Bure, schön und groß. Bure gewann einen Sohn, Bör. Dieser hatte drei Söhne: Odin, Wile und We.

Dieweil Ymir schlief und im Schlafe schwitzte, entsprossen seinem Leibe Riesenwesen. Unterhalb seines linken Armes kamen ein Mann und ein Weib heraus. Auch zeugten seine Füße miteinander ein Geschlecht, groß und wüst: Riesen über Riesen immerfort.

Da machten sich die Sprösslinge Bures – Odin, Wile und We – ans Werk und töteten Ymir, damit die Welt aus ihm entstünde. Es ertrank im herausströmenden Blute jenes erste Riesengeschlecht, bis auf einen, Bergelmir, der sich mit seinem Weibe in einem Troge rettete. Von diesen beiden stammt das spätere Jotungeschlecht ab, die Frostriesen und die Rim- oder Reifthursen.

Den Leib Ymirs warfen die Börsöhne in die Mitte Ginnungagaps.

Das Blut ließen sie als Bäche und Flüsse bis in die Meere strömen. Aus seinem Fleische schufen sie die Erdscholle. Seine Gebeine häuften sie als Berge auf. Die Zähne wurden zu Steinen, während die gebrochenen Knochen in Geröllhalden herumliegen. Alsdann nahmen die Götter den Schädel und wölbten ihn über der geschaffenen Welt, damit der Himmel oben den Raum umschließe. An jeder Weltenecke stellten sie einen Zwerg hin, die Wölbung zu tragen.

Ymirs Gehirn warfen sie in die Lüfte, wo es zu Wolken wurde. Muspelheims Funken, die noch herumflogen, hielten sie als Sterne am Himmel fest. Auch gaben sie Sonne und Mond ihren ständigen Wohnort. Aus Ymirs Haar entstanden Gras und Kraut, Gebüsch und Wald, alle Gewächse, die der Erde entsprießen.

Vom Süden die Sonne
schien in den Saal.
Da grünte das Gras
unten am Grunde.

Von der Esche Yggdrasil

Welten gingen der Welt voraus. Von neun Urweltriesen weiß die Seherin zu erzählen, die vor Zeiten sie aufgezogen hatten.

Jene Welt, die aus Ymir entstand, ward von einem mächtigen Baum getragen – der Esche Yggdrasil. Ihre Zweige breiten sich in alle Richtungen des Windes und weit über den sichtbaren Himmel hinaus.

Drei Wurzeln hat Yggdrasil. Die Erste reicht bis zu Hwergelmir, dem Brunnen inmitten Niflheims. Um diese Wurzel windet sich ein wildes Gewürm, Nidhögg, dessen Zähne allzeit an des Baumes Leben nagen.

Eine zweite Wurzel reicht hinunter zum Brunnen des weisen Mimir, des Uralten, der sich an alles erinnert, was je geschah in der Welt. Auf dem Grunde dieses Brunnens liegt das eine Auge Odins. Das hat er einst als sein großes Opfer hingegeben.

Die dritte Wurzel reicht hinauf zu dem Brunnen der Nornen, jenen drei Frauen, die da walten über alles Schicksal: Urd, Werdandi und Skuld – Vergangenheit, Gegenwart und Zukunft. Diese Wurzel hat es gut. Denn Tag um Tag schöpfen die Nornen ein milchweißes Wasser aus ihrem heiligen Brunnen und gießen es über die Wurzel. Auch schwimmt da ein Schwanenpaar auf dem Wasser.

Esche weiß ich stehen,
heißet Yggdrasil.
Hoher Baum
von weißem Wasser getränkt, –
dorther kommt Tau,
der in Täler fällt.
Steht jederzeit grün
über dem Borne der Urd.

Der Tau, der von Yggdrasil fällt, bringt jedem entstehenden Wesen den Lebensstrom. So auch den Menschen. Darum haben alle Geschlechter dem Baum viel zu verdanken. Doch wenige sind es, die solches bedenken.

Was die Esche leidet – niemand vermag es zu ermessen. Vier Hirsche weiden im Geäst und fressen dem Lebensbaum fortwährend das Laub ab. Von ihrem Geweih strömt ein Regen nach Hwergelmir hinab. Und das ist der Grund, warum Hwergelmir nie austrocknet.

Alt wird die Rinde, morsch das Holz. Hoch im Wipfel nistet ein Adler. Der späht weithin über die Welt und weiß gar viel. Zwischen seinen Augen sitzt ein kleiner Habicht. Ein Eichhörnchen läuft auf und ab am Stamm und stiftet mit seinem Klatsch Feindschaft zwischen dem Adler und dem Gewürm.

Tief verborgen im Sonnenbaum Yggdrasil ruhen die Keime der Zukunft. Denn einst wurde gefragt, wer da den Weltenuntergang überdauern werde. «Liv und Livtrasi», so lautete die Antwort, «sind die Namen eines Menschenpaares, das in Hodmimirs Gehölz wartet. Als Nahrung dient ihnen des Baumes Morgentau.»

Noch sind Liv und Livtrasi wie ungeborene Kinder. Doch ihnen ist vorbehalten, einst der Anfang eines neuen Geschlechts zu werden.

«Hodmimirs Holz» ist ein Geheimnis für Yggdrasil. Denn nicht jedem sollte auf einmal geoffenbart werden, was Geheimnisse sind.

Die Götter und ihr Werk

Groß ist die Zahl der Götter, groß sind auch ihre Werke. Da haben sie gebaut, geschmiedet und gewirkt in der Welt. Burg und Behausung schufen sie sich. An Gold und Gütern fehlte es ihnen nicht.

Doch was die Götter schufen, nicht allein ihr Werk war es. Alle Wesen und Gewalten haben das ihre gegeben: die vor Zeiten geborenen Riesen, wie die in der Zeit entstandenen Alben und Elfen, Zwerge, Kobolde und Wichte. Kein Ding gibt es, das nicht aus dem Schoße dieser oder jener Mächte hervorging.

Ein schwarzer Riese hieß Nörwe. Seine Tochter war düster und dunkel und wurde Nacht genannt. Die Götter vermählten sie mit einem Mann aus ihrem eigenen Geschlecht. Sein Name war Delling – Zwielicht. Nun gebar Nacht einen Sohn, hell und herrlich wie sein väterlicher Stamm, das war Tag.

Diesen beiden, Nacht und Tag, gab der Allvater zwei Rosse und wies sie an, am Himmelsgewölbe um die Welt zu reiten. Das Ross der Nacht heißt Reifmähne, das von Tag Leuchtmähne. Nacht fährt voran, und jeden Morgen betaut Reifmähne die Erde mit dem Schaum seines Maules. Tag fährt hinterher. Wo sein Ross über den Himmel kommt, erhellt sich die Welt vom Scheine seiner Mähne.

Weil Nacht älter ist als Tag, haben unsere Vorväter die Zeit immer nach Nächten gezählt, nicht wie wir nach Tagen.

Noch bevor sie mit Delling vermählt wurde, war Nacht mit einem Mann vereint. Der hieß Onar. Die Tochter von Nacht und Onar war Jord oder Erde. Jord wiederum wurde die Mutter des jüngsten und stärksten der Götter, Thor.

Einer aus unbekanntem Geschlechte hieß Mundilfare. Er war der Vater von zwei Kindern, einem Sohn und einer Tochter. Den Sohn

nannte er Mond, die Tochter Sonne. Über diese Vermessenheit erzürnten die Götter und befahlen die Geschwister an den Himmel, damit sie die Wagen von Sonne und Mond lenkten. Da dürfen sie nicht säumen, denn hinter ihnen her rennen zwei Wölfe, Sköll und Hati. Die sind die Ausgeburten eines Weibes aus Jotungeschlecht, das im Walde Eisenholz daheim ist. Ihre Söhne waren immer Riesen, aber in Wolfsgestalt. Unter diesen Wölfen ist einer, genannt Mondgarm. Der sättigt sich am Fleisch der Verstorbenen.

Am Ende werden die Wölfe Sonne und Mond einholen und verschlingen. Blut wird über den Himmel spritzen, Feuer aus der Erde lodern. Doch dies liegt noch fern in der Zukunft verborgen. Nur eine Vorahnung ist da. Denn jedes Mal, wenn Mond- oder Sonnenfinsternis eintreten, ist es immer einer jener Wölfe, der den Rachen aufreißt und das Licht verschlingen will.

Die erste goldene Zeit verbrachten die Götter mit vielerlei herrlichen Schöpfungen. Und alles gelang ihnen wie im Spiel. Täglich trafen sie sich auf dem Idafelde, wo sie manche Stunde mit den goldenen Tafeln kürzten. Eine sonnige Ruhe erfüllte die Welt.

Dann auf einmal fiel ein Schatten über ihr freudiges Schaffen. Drei geheimnisvolle Frauengestalten, aus Urzeiten kommend, aus Jotunheim – waren es die Nornen? – ließen ein mächtiges Wort durch die Welt erschallen, ein großes Geschehen kündend . . .

Nun gingen die Götter miteinander zu Rate, ein jeder saß auf seinem Richtstuhl. Da gewahrten sie, wie im Fleisch Ymirs sich etwas regte, kleine Maden in großen Mengen. Was sollte aus diesem Gewimmel werden? Alsdann machten sich die Götter wiederum ans Werk und riefen die Schar der Zwerge ins Leben, gaben ihnen Verstand und Gestalt, dass sie menschenähnlich wurden. Modsogne hieß der Vornehmste, dann Durin, Dvalin und die anderen in unübersehbarer Fülle. Einige sollten in der Erde, andere in Felsen oder hinter Bergwänden hausen. Die Letzteren treiben mit Menschen allerlei Schabernack und rufen ihnen jedes gesprochene Wort zurück.

Drei der hohen, heiligen Götter gingen einst am Strande des Meeres. Da fanden sie auf Land zwei Bäume, eine Esche und eine Ulme. Machtlos und ohne Schicksal waren sie. Aus diesen Bäumen schufen die Götter zwei Menschen, Mann und Weib. Odin, der Erste jener

Gottheiten, schenkte ihnen Atem und Seele. Hönir, der Zweite, verlieh ihnen Verstand und weckte in ihnen damit auch lockende Vorstellungen. Der Dritte, Lödur, gab ihnen Blut, Gestalt und Farbe.

Den Mann nannten sie Ask, das Weib Embla. Mit diesen beiden begann das Menschengeschlecht.

Wer sind nun Hönir und Lödur gewesen? Sind es Wile und We, die mit Odin zu dritt die Welt aus Ymir hervorgehen ließen? Offen bleibt zunächst dieses Rätsel. Götter wandeln sich im Schaffen und treten, je nach ihrer Verbundenheit mit den höchsten Mächten, unter anderen Namen auf.

Den Menschen zu beschirmen, nahmen die Götter die Augenbrauen Ymirs und bildeten daraus eine Mauer, hinter welcher die Erben der früheren Welt – Joten, Thursen, Elfen, Zwerge und deren Nachkommen – verborgen blieben. Das ist die untere Welt geworden. Die mittlere Welt, Midgard, sollte der Menschen Heimat sein. Ihren eigenen Wohnsitz errichteten die Götter auf den höchsten Zweigen des Weltenbaums. Das ist Asgard. Da funkeln von den Spitzen des Geästes dem Menschenauge die Sterne entgegen. Dort haben Götter und Göttinnen ihre Wohnorte. Zwischen oben und unten bildeten sie eine leuchtende Brücke. Das ist der Regenbogen. Den nannten die Alten auch Bivrost, das heißt «bebender Steg».

Wenn die Götter sich zu ihrem Richtplatz begeben am Nornenbrunnen, reiten sie über Bivrost. Nur nicht Thor; der kommt watend durch die Flüsse.

Die Asen und die Wanen

Die Söhne und Brüder Odins bilden das jüngere Geschlecht der Götter, den Stamm der Asen. Ein älteres Geschlecht ist das der Wanen.

Die Asen nehmen sich vor allem der Seele des Menschen an – prüfend, stärkend, schützend. Die Wanen wirken in allem, was wächst und lebt. Sie geben dem Winde seine Richtung. Zwar bekommt der Wind seine Kraft von einem Riesen namens Räsvelg. Der sitzt in Adlergestalt am Ende der Welt, und von seinen Flügeln geht der Wind aus. Die Wanen aber führen ihn über Meer und Land.

Auch setzen die Wanen dem Feuer eine Grenze, bewegen des Wassers Wellen und wirken in den aufkeimenden Saaten und den steigenden Säften der Bäume. So haben die Wanen auch ihren Anteil am Menschen. Denn dieses große Wirken ist im Menschen selber, wie um ihn herum, vorhanden.

Unter den Asen ist Odin der Älteste. Die Namen Odins sind kaum zu zählen, und bei jeder Benennung ist er ein anderer. Denn durch Taten wandelt sich der Gott und ist nach seiner Tat nicht derselbe wie vorher.

Allvater heißt Odin, wenn die allerhöchste Gottheit durch ihn spricht. Wenn er des Weges kommt, mag er sich Wegtam nennen, das heißt der vom Wege Wissende. Ist er lange gegangen und kommt in den Hof, mag er Ganglere heißen. Seine Sprache ist voller Rätsel und Runen. Prüfen will er jeden, dem er begegnet, ob der erkennen kann, wen er vor sich hat. Er selbst offenbart seinen wahren Namen nicht. Hangagott heißt er, weil er neun Nächte gehangen hat am «windigen Baume»:

Ich weiß, dass ich hing
am windigen Baume
der Nächte neun,

vom Speere verwundet –
Odin gegeben,
selber gegeben mir selbst –
an jenem Baume
da niemand weiß,
wo er Wurzel hat.

Nicht Brot mir gereicht ward,
nicht Bräu mir geboten.
Schaute nach unten
bis Runen ich fand;
ergriff sie rufend
und fiel hinab.

An diesem rätselhaften Baum sollte Odin erfahren, was ihm die Macht verlieh, in allen Dingen die verborgene Rune zu erlauschen und umzuwandeln in menschliche Sprache. Eine Sprache aber, die wie Zaubermacht wirkt! Er war es, der dem Menschen den Atem gab. Das lässt uns erahnen, von welchem Baum er spricht: dem Baum der Atmung, der sich in die Brust eines jeden Menschen hinein verzweigt und dessen Wurzel immer da ist, wo der Mensch Atem holt. Nun erlauscht Odin aus allem Rauschen und Raunen, aus dem Wogen und Wallen, aus Flimmern und Flammen, Leuchten und Lichtern das Wort und prägt es dem Atem ein. Sein Rufen und sein Schrei wird zum Sprechen.

Denn wie er am windigen Baum hing, trat Mimir hinzu, «Boltorns ruhmreicher Sohn»:

Zaubergesänge neun
gab mir des Boltorn
ruhmreicher Sohn,
der Bruder der Bestla.
Trinken ich durfte
vom teuren Mete
aus Odreyris Quell ...

Mimir ist es, der ihm vom «teuren Mete» den Erlösungstrank reicht. Sein heiliger Brunnen spiegelt in seinem Wasser Erinnerungen aller Weltvergangenheit. Von diesem Wasser trinkt Odin. So wurde die

Sprache von der Kraft des Gedächtnisses durchdrungen. Und wo die Tiere durch ihren Ton nur Empfindungen offenbaren, da kann der Mensch durch Odins Tat sinnvoll sprechen.

Odins Stuhl heißt Lidskjalf. Wenn er auf Lidskjalf sitzt, schaut er über die Welt hinaus, und nichts bleibt ihm verborgen. Zwei Raben gehören zu Odin. Die fliegen überall hin und flüstern ihm ins Ohr geheime Kunde von allem, was geschieht. Sie heißen Hugin und Munin – «Gedanke» und «Erinnerung».

Er selbst bewegt sich im wehenden Winde. Da reitet er auf achtfüßigem Pferd durch die Lüfte, seinen Speer Gungnir in der Rechten, die Raben um ihn kreisend. Zwei Wölfe folgen ihm auf den Fersen, Gere und Freke; die fressen die Leichen der auf dem Schlachtfeld Gefallenen. Des Gefallenen Seele aber sucht Odin, er und seine Dienerinnen, die Walküren. Daher auch sein Name Walvater. Wal ist eben die altnordische Bezeichnung für das Schlachtfeld. Seine Burg heißt Walhall und ist die größte und herrlichste aller Götterwohnungen. Nach Walhall holt er sich die im Kampfe gefallenen Helden, jene, die opferfreudig ihr Leben hingaben. Nicht aber die auf dem Strohlager Gestorbenen. Aus diesem Grund ergab sich die altnordische Sitte, dass ein Mann, der nicht das Glück hatte, im Kampfe den Tod zu finden, sich immer von einem Speere verwunden ließ, wenn er im Sterben lag.

Odin nimmt sich nicht so sehr des gemeinen Mannes an. Er ist vor allem Freund und Beschützer der Helden und Häuptlinge. Der Sage nach hat er auch unter Menschenkindern Söhne gehabt. Die waren immer Könige und herrschten im alten Switjod.

Unter den Söhnen Odins ist der jüngste der gewaltigste. Das ist Thor, der Donnerschlager und Blitzeschleuderer. Er ist's, der da kämpft mit den Ausgeburten des Jotungeschlechtes, den tobenden Sturmriesen, verheerenden Frostmächten, Reif- oder Rimthursen und Bergriesen, mit allen jenen, die sich gegen die Götterordnung auflehnen. Jähzornig ist Thor, aber er trägt nicht lange nach. Im Zorn mehren sich seine Kräfte ins Unermessliche. Dann mag es vorkommen, dass er nicht immer bedächtig zu Werke geht. Seine Augen sind hell und scharf, sein Bart rötlich. Jedes Mal wenn er zum Thingplatz will, am Nornenbrunnen unter Yggdrasil, watet er durch tiefe Flüsse. Wie tief aber auch der

Fluss, nie reicht ihm das Wasser über seinen Gürtel. Wenn Thor ihn anschnallt, verdoppelt sich auch seine Asenkraft.

Das Beste, was er besitzt, ist jedoch der Hammer Mjöllnir. Den fürchten die Rimthursen und Bergriesen. Thor wirft den Hammer, und was er trifft, zerschmettert. Alsdann kehrt Mjöllnir in die Hand des Gottes zurück.

Ein Paar eiserne Handschuhe hat er an, wenn er zum Kampfe auszieht. Meistens fährt er in einem Wagen, der von zwei Böcken gezogen wird. Die heißen Tanngnjost und Tanngrisne. Diese Böcke haben eine merkwürdige Eigenschaft: wenn sie geschlachtet sind und ihr Fleisch gegessen, braucht Thor nur die Knochen in die Häute zusammenzulegen und den Hammer darüber zu schwingen, so springen sie wieder quicklebendig auf.

Wenn er über die Wolken dahinsaust, mit Sturm- und Frostriesen kämpfend, zucken Blitze vom Aufschlag seines Hammers. Der Donner rollt und grollt, denn Thor ist kein anderer als Donar.

Thors Hof und Habe heißt Thrudwang, «Aue des Tapferen». Dort steht seine Halle Bilskirne. Das weist auf sein Wirken im Gewitter, denn der Name kann als «aufklärendes Wetter» gedeutet werden.

Während Odin als Schutzherr der Mächtigen, der Fürsten und Skalden gilt, nimmt sich Thor gern des gemeinen Mannes an. Er fragt nicht nach Stamm oder Stand, sieht nur auf des Mannes eigene Kraft, auf Herz und Furchtlosigkeit.

Nach altem Volksglauben war der Wacholder dem Gotte Thor geweiht. Und bis zum heutigen Tage steht in manchen Gegenden die Brühe von frischen Wacholderzweigen in dem besonderen Ruf reinigender Kraft.

Von allen Göttern am meisten geliebt war Baldur. Er ist Odins Sohn mit Frigga, der vornehmsten der Göttinnen in Asgard. Baldurs Gesicht leuchtet herrlich wie der helle Tag. Hände und Füße, wie sein ganzer Leib, sind die denkbar schönsten. Immer ist er freundlich, nie spricht er ein böses Wort, und niemand sagt ihm Böses nach. Er ist wohlwollend und sehr weise, darum sind seine Urteile so gerecht, dass es Götter und Menschen verwundert.

Baldur beschenkt den Menschen mit der Offenbarung des Guten und Wahren. Und solange er unter den Asen waltete, sahen auf

Erden die Menschen noch in die Reihen der Götter hinein. Das war das goldene Zeitalter, wo es keine Zweifel und Zwietracht gab.

Es sollte aber anders kommen, ein finsteres Zeitalter, da Baldur dem Menschenauge entschwand …

Baldurs Haus hieß Breidablick, der schönste Ort von Asgard. Seine Frau war die holde Nana, deren Treue als Vorbild allen Frauen dienen kann. Ihr Sohn ist der gute und gerechte Forsete. Eine Blume – die weiße Kamille – wird im Norden als Erinnerung an den lichten Gott noch «Baldurs Braue» genannt. Um die Mittsommerzeit, vor allem in der kürzesten Nacht des Jahres, wurde das große Baldurfest gefeiert. Dann wurde überall ein großes Feuer entzündet, und es gab einen Reigentanz, ein Springen durchs Feuer.

Ty, Gott des Kampfes, ist Odins Sohn mit einem Weibe aus Riesengeschlecht. Er wurde als der kühnste der Götter gerühmt, und ihn riefen die Alten zu Hilfe, wenn sie gegen den Feind ins Feld rückten. So auch die germanischen Stämme, die gegen die Römer anstürmten. Sie nannten in Ziu. Und wenn aus Tausenden von Kehlen auf einmal das Kampfgeschrei

«Ziu zwingt Zeus!»

hervorbrach, dann ging es wie ein Gewitter über das Schlachtfeld. Für die römischen Legionen klang es so fürchterlich, dass ihnen manchmal die Knie zu zittern begannen …

Ty ist klug und kühn zugleich. Fürsten und große Heerführer bezeichneten sich gern als seine Bundesgenossen. Um den Frieden müht er sich wenig, und wer Versöhnung will, wende sich nicht an Ty. Seine Waffe war immer ein Schwert. Er führt es mit der linken Hand, weil er die rechte verloren hat.

Wenn die Helden sich vornahmen, große Werke zu vollführen und heilige Gelöbnisse ablegten, riefen sie oft Brage als Zeuge ihres Eides an. Auch Brage ist ein Sohn Odins und hatte vielerorts seine besonderen Heiligtümer. Vor allem verstand er die Kunst, immer das rechte Wort zu finden. Deshalb stand er bei den Skalden hoch in Ehren.

Als ein gegenseitiges Versprechen entstanden die Gelöbnisse der Helden, meistens bei jenen Zusammenkünften, die zu besonderen

Jahreszeiten stattfanden. Vor allem wurde um Weihnachten das alte Julfest gefeiert. Da brachten sie den Göttern große Opfer. Nachher gab es Trinkgelage. Und was die Männer sich bei solchen Gelegenheiten versprachen, galt ihnen oft als Eingebungen ihrer Götter. Dann war es heilige Pflicht, das Gelobte zu vollführen. Gewiss konnte es vorkommen, dass mancher Held Dinge versprach, die über seine Kraft gingen. Diese Schwäche, zu große Worte in den Mund zu nehmen, wurde hie und da auch Brage selbst nachgetragen.

Brage ist mit der schönen Idun vermählt. Sie bewahrt in ihrem Schrein die wunderbaren Äpfel auf, welche die Götter jedes Mal essen, wenn sie von Altersschwäche bedroht sind; dann werden sie wieder jung.

Noch wird eine Reihe Göttersöhne aus Odins Geschlecht aufgezählt. Doch wissen wir von ihnen nicht viel. Ein starker Gott ist Hödur, der blinde Bruder Baldurs. Ihm war es beschieden, das große Unglück über Asgard herbeizuführen. Deshalb mögen die anderen Götter nicht, dass man seiner gedenkt.

Ein anderer heißt Ull. Er ist aller Meister, wo es um Skilaufen und Bogenschießen geht. Ihm empfahl sich, wer zum Zweikampf auszog oder auf die Jagd.

Dass Ull früher eine weit verbreitete Ehrung genoss, davon zeugen die vielen Ortsnamen, die auf ihn zurückgehen.

Endlich sei auch Odins Sohn Widar genannt. Seine Mutter, Grid, war ein Weib aus Jotungeschlecht, aber den Asen wohlgesinnt. Widar wird der Schweigsame genannt und ist neben Thor der stärkste Gott. Seine ganze Kraft kennt niemand, dieweil er immer sehr zurückhaltend ist. Er sitzt zuunterst am Tisch und dient den anderen, wenn sie zechen. Wenn dereinst der große Wolf Odin verschlingt, wird es Widar sein, der den Vater rächt. Bis dahin werden alle Worte unwahr sein, und nur der schweigsame Gott hat die Kraft, das Lügentier zu besiegen.

Zu den Asen traten, als einst der große Friede geschlossen wurde, einige Götter aus dem Geschlechte der Wanen. Das waren Njörd und seine Kinder Frey und Freya. Dann auch Heimdall. Später sprachen die Menschen oft auch diese als Asen an.

Njörd – so wird berichtet – hat Gewalt über Wind und Woge und Feuer. Seine Burg Noatun steht, wo der Himmel sich ins Meer hinabsenkt. Diesem Gotte soll opfern, wer glückliche Fahrt auf hoher See wünscht und reichen Fischzug. Njörd ist unermesslich reich und begünstigt seine Freunde mit Gütern des Landes und des Meers.

Njörd war mit einer Riesentochter namens Skade vermählt. Diese Vermählung wurde den Göttern abgezwungen, weil sie den Vater Skades getötet hatten – warum, soll noch berichtet werden – und Skade konnte Buße fordern. Die Götter mussten darauf eingehen und boten an, dass sie sich einen Gatten unter ihnen wählen dürfe, aber nur nach den Füßen. Skade erblickte ein Paar wunderschöne Füße und glaubte, dass sie Baldur gehörten. Es waren aber Njörds Füße.

Am Meere, wo Njörd wohnte, gefiel es Skade nicht. Denn sie war in den unwirschen Bergen Trymheims aufgewachsen. Sie konnte die vielen schreienden Vögel um Noatun nicht leiden, dagegen liebte sie das Geheul der jagenden Wölfe. Da einigten sich Njörd und Skade, dass sie abwechselnd neun Nächte in Noatun und neun in Trymheim verbringen wollten. Einst aber, als Njörd von einem Aufenthalt in Trymheim zurückkehrte, sprach er:

Bös mir dünkten die Berge.
Nicht lange weilte ich dort,
der Nächte nur neun.
Ungern hör ich
der Wölfe Geheul,
süß war mir stets dagegen
der Schwäne Gesang.

Skade aber antwortete:

Schlafen nicht konnt ich
im Haus an der Küste
vor widrigem Vogelgeschrei.
Jeden Morgen
vom Meere die Möwen
weckten mich auf.

Der schöne Frey, Njörds Sohn, ist der Förderer alles dessen, was dem Menschen gedeihen soll, sein Wohl und sein Glück. Er gebietet über den Wechsel von Regen und Sonnenschein, über Wachstum auf den Feldern und Reifen in den Seelen. Sein Pferd heißt Bluthuf. Doch lässt er sich auch von einem herrlichen goldborstigen Eber über Land und Meer ziehen. Oder er fährt durch die Lüfte mit seinem Wunderschiff Skidbladnir. Das kann nach Wunsch so groß werden, dass es in alle Himmelsrichtungen hinausreicht, und so klein, dass es sich in der Tasche verbergen lässt. Frey ist einer der tüchtigsten unter den Göttern und verleiht auch dem Menschen seine Tüchtigkeit. Alle Arbeit in Haus und Hof gedeiht durch den Segen Freys, des Friedfertigen.

Freya ist die Schwester Freys, schön und mächtig. An Schönheit überstrahlt sie alle anderen Göttinnen. Der Hof Freyas heißt Folkwang, die Halle in ihrem Haus Sessrymne. Sie fährt in einem Wagen, von Katzen gezogen. Ihr größtes Kleinod ist das Halsband Brisingamen, daher führt sie auch den Beinamen Menglad, die Schmuckfrohe.

Freya ist sehr wohlwollend, und von allen Gottheiten hat keine ein so offenes Ohr für die Nöte der Menschen wie sie. Doch sollte niemand vergessen, dass auch Freya auf ihre Opfer bedacht ist. Freya wurde von ihrem Bräutigam Odr verlassen. Da hat die Holde oft geweint, und ihre Tränen bildeten Tropfen aus Gold. Odr war in die Fremde gegangen, da ist auch Freya in die Welt hinausgezogen, um ihn zu suchen. Auf dieser Wanderung gab sie sich immer Namen, als wolle sie damit sagen, dass sie aus dem Mondenlande komme: Horn; oder Mardöll – «die vom Meer her Aufsteigende», Gefn – «die Gebende».

Ob sie Odr je gefunden hat, darüber mag jeder für sich sinnen. Freya ist die Göttin der Liebe und Odr – wer ist er? Vielleicht gibt sein Name eine kleine Hilfe zu des Rätsels Lösung: Odr heißt bewegtes Gemüt, Leidenschaft oder schlechthin Seelenleben. Dies alles aber wohnt in jeder Menschenbrust. Und so kann sich jeder fragen: wen sucht Freya als ihren verlorenen Bräutigam?

Von den vielen anderen Göttinnen sei nur Frigga, die mächtige Gemahlin Odins, genannt. Ab und zu wurde sie in späterer Zeit mit Freya verwechselt, was zu einigen Missverständnissen führen musste. Frigga war die Tochter eines sonst unbekannten Wanengottes Fjörgyn, ihr liebster Sohn ist Baldur gewesen.

Frigga teilte mit Odin Macht und Würde. Davon gibt es eine alte deutsche Sage: Vor alten Zeiten, als die Langobarden noch Winiler hießen, wohnten sie im hohen Norden an der Meeresküste.

Es waren ihrer aber zu viele im Lande. Da kamen sie überein, dass der dritte Teil der Winiler auswandern solle, und sie warfen das Los. Die Auswanderer kamen in das Land Schoringen und blieben da einige Jahre. Nahe dabei wohnten die Wandalen, ein raues und siegstolzes Volk. Und die Winiler gerieten mit den Wandalen in Streit. Diese ließen ihnen sagen: «Entweder ihr zahlt uns Zins, oder ihr rüstet euch und streitet mit uns!» Da die Winiler es für besser hielten, tapfer zu kämpfen als Tribut zu geben, kam es zum Krieg. Die Wandalen opferten Odin, dass er ihnen Sieg verleihe, und Odin verhieß den Waffen derer Erfolg, die er bei Sonnenaufgang zuerst sehen würde. Zu derselben Zeit opferten die Winiler Frigga, dass sie ihnen helfe. Frigga gab ihnen den Rat, dass sie frühzeitig mit ihren Frauen kommen und diese ihr Haar wie einen Bart vom Gesicht herabhängen lassen sollten. Als die Sonne aufgegangen war, weckte Frigga ihren Gemahl, und als dieser von Lidskjalf aus die Winiler und ihre Weiber erblickte, sprach er: «Wer sind diese Langbärte?» Frigga entgegnete: «Nun hast du ihnen den Namen gegeben, so verleihe ihnen auch den Sieg!» Diesen Wunsch musste Odin erfüllen. Er half den Winilern im Streite, und sie nannten sich seitdem Langobarden, das heißt Langbärte.

Die aus Ymir entstandene, von Yggdrasil getragene Welt wird von Heimdalls Laut durchklungen. Zwar: in den sichtbaren Dingen ist dieser Laut verstummt. Denn nicht sind gemeint Töne und Geräusche, die wir überall hören, sondern ein verborgener Klang.

Spricht davon die Wala:

Weiß ich verwahrt
des Heimdalls Laut
unter der hohen,
heiligen Esche . . .
Vor des Zwielichts Türe sitzt
Tjodreyri der Zwerg und singt.
Den Göttern singt er Kraft,
den Alben und den Elfen Glück.
Dem höchsten Gotte bringt
sein Lied Alt-Erinnertes zurück.

Heimdall ist der Wächter des Himmels. Darum sitzt er an der farbigen Himmelsbrücke, wo der Regenbogen beginnt. Und einst, wenn das Weltenende naht,wird er ins Gjallarhorn blasen, dass alles auf der Welt erwacht, um in den großen entscheidenden Kampf zu ziehen.

Neun Schwestern haben vor unserer Zeiten Anfang Heimdall geboren. Und Heimdall selbst, die Gottheit, die über Klang und Laut waltet, wird als Vater der Menschen angesprochen. Denn also hob die Wala an:

Höret mich alle
heilige Sippen,
hohe und niedere
Söhne des Heimdall.

Wie Njörd und seine Kinder trat auch Heimdall aus der Reihe der Wanen in den Kreis der Asen. Er trat aus der weiten Umwelt des Menschen in dessen Innenwelt.

Heimdalls Wohnung heißt Himmelsberg. Nach Baldur ist er der hellste aller Götter. Darum wurde er der weiße Ase genannt. Es heißt von ihm, dass er weniger Schlaf als der Vogel braucht. Auch hört er das Gras auf der Wiese, die Wolle auf den Schafen wachsen und sieht nachts ebenso gut wie am Tage. Von Heimdall konnte gesagt werden, er habe Gold im Munde, denn seine Zähne seien aus Gold. Wenn die Sonne aufgeht und alle Geschöpfe erwachen, dann ist die Stunde Heimdalls da. Dann bläst er ins Gjallarhorn, und Antwort ertönt aus allen Welten.

Suttungs Met

Unter Asen und Wanen entstand einst ein Streit. Der Grund dürfte sein, dass beide Geschlechter Anspruch auf die Menschen erhoben. Genaueres ist nicht bekannt. Glaubhaft ist, dass auch andere Weltenmächte – Riesen, Elfen und Zwerge – sich an diesem Streit beteiligten.

Um nun den Frieden zu sichern, verpflichteten sich alle gegenseitig mit heiligen Eiden, Geiseln aneinander abzugeben. Zu den Asen traten die Wanen Njörd, Frey, Freya und Heimdall. Von den Asen wurde Hönir, von den Urmächten der weise Mimir zu den Wanen gesandt. Nach Asgard kam auch einer von Jotunheim, der von Riesen und Rimthursen bewohnten Welt. Das war Loki. Von ihm, dem Schönen und Schlauen, wird noch viel die Rede sein. Denn er sollte der Zerstörung Urheber werden.

Der Friede wurde mit einem großen Fest beschlossen. Da waren Asen und Wanen alle zugegen. Nun einigten sie sich, in ein großes Gefäß zu spucken, damit sie aus dem Speichel einen kleinen Mann bildeten. Also geschah es, und es entstand daraus der weise Kvasir. Weil Kvasir von allen etwas mitbekommen hatte, deshalb ist seine Weisheit schier unerschöpflich gewesen. Nie hat ihm eine Antwort gefehlt.

Kvasir wurdeden Menschen als kundiger Berater gegeben. Da wurde er einmal von zwei Zwergen eingeladen. Die aber nahmen ihn in eine Kammer beiseite und töteten ihn. Sein Blut ließen sie in zwei Eimer und einen Kessel fließen, vermischten es mit Honig, dass es einen köstlichen Met gab. Dieser Met hatte die Eigenschaft, jeden, der davon trank, zum Skalden und Wahrsager zu machen. Den Asen sagten die Zwerge, dass Kvasir in seiner eigenen Weisheit ertrunken sei, denn aus lauter Weisheit habe er ja bestanden.

Nun luden die Zwerge einen Riesen zu sich ein. Mit ihm ruderten sie aufs Meer hinaus und wollten fischen. Aber das Boot stieß auf ein Riff und kippte um, und jener Riese, der nicht schwimmen konnte, ertrank. Da kam dessen Sohn Suttung und forderte Buße für den ertrunkenen Vater. Die Zwerge weigerten sich so lange, bis Suttung sie ergriff und auf dasselbe Riff setzte, so dass die See sie dauernd überflutete. Aus dieser Not kauften sie sich mit dem Met frei. Suttung nahm ihn an sich, verbarg ihn in der Tiefe eines Berges und gebot seiner schönen Tochter Gunnlöd, den Met zu hüten. Fortan wurde er Suttungs Met genannt.

Als Odin davon erfuhr, entschloss er sich, den Suttungsmet zu gewinnen. Er begab sich in den Hof Bauges, des Suttungs Bruder. Auf einer Wiese, unweit des Hofes, begegneten ihm die Knechte Bauges, die mit ihren Sensen mähten. Es waren ihrer neun. Odin, der sich den Namen Bollwerk gab, erbot sich, den Knechten die Sensen zu wetzen. Als er das getan, schnitt sich das Gras so leicht, dass alle neun Knechte ihm den Wetzstein abkaufen wollten. Bollwerk aber warf den Stein in die Luft. Die Knechte liefen schnell herbei, um des Steines habhaft zu werden. Dabei durchschnitten sie sich allesamt die Kehlen.

Nun trat Bollwerk in die Burg Bauges. Dieser befand sich in großer Not, weil sich alle seine Knechte umgebracht hatten. Bollwerk erbot sich, die Arbeit der neun Knechte zu tun, wenn ihm nur Bauge als Lohn zu einem Trunk vom Mete Suttungs verhelfen wolle. Dies versprach Bauge, und Bollwerk diente ihm als Knecht treulich den Sommer hindurch. Im Herbst, als er seinen Lohn begehrte, war mit Suttung nicht zu reden. Da nahm Bauge insgeheim seinen Bohrer, der hieß Rate, und machte mit ihm ein Loch durch jenen Berg, der über dem Mete lag. Zuerst wollte Bauge Odin täuschen, indem er Rate nicht ganz durchdringen ließ. Odin aber entdeckte den Verrat, denn als er hineinblies, flogen die Späne ihm zurück ins Gesicht. Da musste der Riese seinen Bohrer wieder ansetzen, bis er ganz hindurchging. Odin nahm nun die Gestalt einer Otter an und kroch hindurch. Und also gelangte er zu Gunnlöd, Suttungs Tochter. Drei Nächte verbrachte Odin bei Gunnlöd und gewann ihre Liebe, worauf sie ihn vom Mete trinken ließ. Die erste Nacht leerte er den Kessel, in den beiden folgenden die Eimer, in welchen Suttungs Trank verborgen war. Im «Liede des Hohen» erinnert sich Odin mit Schmerz daran, dass er Gunnlöd betrügen musste:

Gunnlöd mir schenkte
auf goldenem Stuhle
den süßen Trank.
Schlechter Lohn
ward ihr beschieden.
Mir sie gab
ganz ihren Sinn.

Zahn des Rate
Weg mir rodete.
Hart war der Berg.
Riesen dort hausten
oben und unten.
Heiß da war mir
um Helm und Haupt.

Ungewiss bin ich
wie mir's gegangen,
ob ich entkommen
wäre aus Suttungs Haus,
hätte die holde
Gunnlöd mir nicht
Freundschaft geschenkt …

Nach dem Trank nahm Odin die Gestalt eines Adlers an und erhob sich in die Luft. Da gewahrte aber auch Suttung, wer am Werke gewesen und was geschehen war. Auch er nahm die Gestalt eines Adlers an und setzte dem Fliehenden nach. Der zweite Adler flog schneller als der erste, weil ja der vom Mete schwerer war. In Asgard standen die Götter mit Kesseln bereit, denn von weitem hatten sie die beiden Adler gesehen. Und wie der hintere immer mehr aufholte, da hat sich der Schwerbeladene leichter gemacht, indem er etwas vom Mete hinten durchließ. Alsdann flog er über die Mauer von Asgard, wo der Riese nicht hinüber konnte. Was er noch in sich hatte, spie er in die Kessel der Asen. Von diesem Mete genießen die Götter und mit ihnen die guten Skalden, die Wahres verkünden. Von jenem Mete aber, der hinten hinaus musste, trinken die schlechten, die höchstens Spottlieder hervorbringen.

Die Kleinode der Götter

Die Kunst des Schmiedens verstanden vor allem die Zwerge.

Nun hatte einst Siv, die mit Thor Vermählte, ihre Haare verloren. Und zwar, weil Loki, während Siv schlief, sie geschoren hatte. Das war ein großer Verlust, denn von allen Göttinnen hatte Siv die schönsten goldglänzenden Haare.

Doch konnte Loki die böse Tat nicht verheimlichen. Und Thor bedrohte den Dieb, er werde ihm alle seine Knochen im Leibe brechen, wenn er Siv ihren Verlust nicht ersetze.

Da ging Loki zu einigen Zwergen, den Söhnen Iwalds, und stachelte sie auf, dass sie nicht nur für Siv goldene Haare schmiedeten, sondern auch den Speer Gungnir und ein Schiff Skidbladnir verfertigten. Der Speer hatte die Eigenschaft, dass er alles traf, wonach gezielt wurde. Skidbladnir war so beschaffen, dass es genauso gut zu Lande, durch die Luft wie auf dem Wasser segeln konnte. Und alle Götter hatten darin Platz. Es ließ sich aber auch zusammenfalten und war dann so klein, dass ein jeder es in seine Tasche hätte stecken können.

Loki aber sann darüber nach, was er mit diesen Dingen wohl anstellen könnte. Da suchte er zwei andere Zwerge auf, Sindre und Brock, die waren Brüder. Mit Brock ging er die Wette ein, dass Sindre nimmer solche Wunderwerke wie die von den Söhnen Iwalds schmieden könne. Dafür wollte er seinen eigenen Kopf einsetzen. Als Sindre von der Wette erfuhr, machte er sich sofort an die Arbeit. Zuerst legte er eine Schweinehaut in die Esse und bat den Bruder, den Balg zu ziehen. Während nun Brock zog, ging Sindre eine kleine Weile vor die Türe. Da kam auf einmal eine Fliege, setzte sich Brock auf die Hand und stach ihn. Doch Brock ließ nicht nach, sondern zog den Balg, bis sein Bruder wieder hereintrat. Der zog nun die Haut heraus und schmiedete einen Eber mit Borsten aus Gold. Darauf warf er Gold in die Esse und bat wiederum Brock, den Balg zu ziehen, während er selber eine Weile fortging. Brock begann zu ziehen. Aber auf einmal war die Fliege wieder da. Diesmal setzte sie sich an seinen Hals und stach ihn, dass es arg schmerzte. Aber auch jetzt ließ Brock nicht nach. Als Sindre wiederkam, nahm er das Gold aus der Esse und schmiedete daraus den Ring Draupnir. Danach warf Sindre Eisen ins Feuer und bat Brock zum dritten Mal, zu ziehen, während er selbst fortging. Auch sagte er, dass die Arbeit umsonst wäre, wenn er im Ziehen nachließe.

Zum dritten Mal kam nun die Fliege. Sie setzte sich zwischen Brocks Augen und stach ihn so heftig, dass es gar stark blutete und Brock vom herausströmenden Blute geblendet wurde. Da wischte er sich schnell mit der Hand das Blut aus den Augen und ließ im Ziehen ein bisschen nach. Im selben Augenblick trat der Schmied herein. Wie er nun sah, dass Brock nicht am Balge zog, wurde er zornig. Denn er fürchtete, es sei ihm das Werk verdorben. Doch nahm er das Eisen aus der Glut, legte es auf den Amboss und schmiedete daraus den Hammer Mjöllnir. Eber, Ring und Hammer übergab er dann Brock, damit er sie nach Asgard bringe und die Wette gewönne.

Dort trat auch Loki hervor mit den Kunstwerken der Iwald-Söhne. Da war nicht leicht, ein gerechtes Urteil zu fällen. Die Götter gingen miteinander zu Rate, Odin, Thor und Frey sollten Schiedsrichter sein. Die goldenen Haare für Siv waren so kunstfertig geschmiedet, dass sie sofort an ihrem Kopfe anwuchsen. Der Speer Gungnir war für Odin bestimmt, Skidbladnir für Frey.

Brock trat hervor. Den goldborstigen Eber schenkte er Frey, dem Gott des Gedeihens und der Fruchtbarkeit. Mit diesem Geschenk war viel des Guten verknüpft. Wenn Frey den Eber über die frisch angesäten Äcker oder die im Frühling grünenden Wiesen führte, da hat er das Land wunderbar gedüngt und alles Wachstum von Gras und Kraut gefördert.

Dem Odin schenkte Brock den Ring Draupnir. Der war so beschaffen, dass jede neunte Nacht acht gleichschwere Goldringe aus ihm tropften; daher der Name Draupnir.

Den Hammer Mjöllnir schenkte er Thor. Der war nun das größte Wunderwerk; nur der Schaft war ein wenig zu kurz geraten, wegen der Fliege. Dieser Hammer ließ sich nach Wunsch so klein machen, dass ihn Thor in seiner Kleidung verbergen konnte. Mit Mjöllnir in Thors Hand hatten die Götter eine unbesiegbare Wehr gegen jeden Ansturm der Riesen. Und sie entschieden, dass Sindre der Meister sei.

Somit hatte Loki die Wette verloren. Zuerst wollte er seinen Kopf durch Gold und Güter loskaufen. Darauf ging aber der Zwerg nicht ein. «Gut, dann hole mich», rief Loki. Wie jener ihn aber festhalten wollte, war er nicht mehr da. Denn Loki besaß ein Paar Schuhe, mit denen er durch die Luft und auf dem Wasser laufen konnte.

Brock bat Thor, ihn festzunehmen. Das tat Thor. Nun wollte Brock den Kopf Lokis abschlagen. Loki aber sagte, dass Brock kein Recht hätte, ihm den Hals zu verletzen. Nur der Kopf sei sein.

Da zog Brock das Messer und wollte Loki die Lippen durchbohren und zusammennähen. Aber das Messer wollte nicht durch. Da rief er: «Hätte ich nur meines Bruders Ahle!» Und schon hielt er sie in der Hand. Die machte Löcher, dass er die schönen Lippen Lokis zusammennähen konnte.

Zwar hat Loki den Riemen, womit Brock nähte, zerrissen. Doch blieben ihm die Narben, und mit der Schönheit des Eitlen war es aus.

Die Mauer um Asgard

Einst kam zu den Asen ein Unbekannter, gab vor, ein Meister zu sein und erbot sich, eine Mauer um Asgard zu bauen. Aber nicht umsonst. Als Lohn hat er sich Sonne, Mond und die schönste der Göttinnen, die liebreiche Freya, ausbedungen.

Die Asen gingen miteinander zu Rate. Die Mauer war wünschenswert, aber auf ein solches Begehren konnten sie nicht eingehen. Also wollten sie den unbekannten Meister doch abweisen. Da ersann Loki eine List: «Stellen wir ihm eine Bedingung. Nur einen Winter lang währe die Arbeit. Wenn dann die Mauer zur rechten Zeit nicht fertig ist, soll seine Mühe umsonst sein.»

Den Göttern schien dies ein guter Ausweg, um doch noch zu der Mauer zu kommen. Denn das glaubte keiner, dass er die gestellte Frist einhalten könne.

Der Unbekannte aber ging darauf ein. Nur möchten die Götter ihm erlauben, sein Pferd zu Hilfe zu nehmen, damit er die Bausteine heranfahre. Dies wurde ihm bewilligt. Alsdann begann er zu arbeiten. Er spannte seinen Hengst Swadilfare vor den Schlitten. Der war aber so über alle Maßen stark, dass er ganze Berge herbeizog. Die Asen entsetzten sich, denn die Mauer wuchs so schnell, dass sie bald erkennen mussten, der Meister werde die Frist einhalten. Mit harten Drohungen drangen sie auf Loki ein, weil er sie schlecht beraten habe. Seine Schuldigkeit sei, jetzt der Not vorzubeugen.

Loki hatte nicht lange zu denken, bis er herausfand, wie er dem Meister sein Werk vereitle. Er nahm die Gestalt einer Stute an und kam wiehernd aus dem Walde getrabt, gerade als Swadilfare die letzten Steine herbeiziehen sollte. Da wurde der Hengst wild und riss dem Meister aus, um der Stute nachzusetzen.

Als nun der Baumeister inne wurde, dass ihm sein Werk nimmer rechtzeitig gelingen würde, packte ihn die Riesenwut. Wie er aber tobte und wütete, haben auch die Götter erkannt, wen sie vor sich hatten – einen Bergriesen.

Thor war ostwärts gewesen. Auf einmal kam er und sah den Wütenden. Da hat er nicht gesäumt, sondern warf ihm Mjöllnir an den Kopf und erschlug ihn, vergessend, dass der Riese auf friedheiligem Grunde stand. Somit waren heilige Eide gebrochen und auch der große Friede. Dem Unheil war kein Riegel mehr gesetzt. Der Mauer um Asgard aber haben bis zuletzt einige Steine gefehlt.

Ein Gutes zwar ist auch daraus entstanden. Das war Sleipnir, des Odin achtfüßiges Pferd. Denn nach einiger Zeit hat die Stute ein Füllen geworfen. Seine Farbe war grau, und als es heranwuchs, wurde es das schönste und schnellste Pferd auf der Welt. Nur selten berühren seine Hufe die Erde. Ihm genügen die Lüfte zum Laufen.

Auf Sleipnir reitet Odin. Vor allem dann, wenn er den Skalden einen Trunk aus Suttungs Met bringt, kommt er auf dem Götterpferd herangeritten.

Das Ende des goldenen Zeitalters

Was die Welt vorwärts bringt, ist immer auch der Widerstand. Doch liegt im Widerstand begründet, was zuletzt den Untergang herbeiführen muss. Das wussten unsere Vorfahren; Wahrsager und Seherin verkündeten es.

Widerstand leisten fortwährend jene Gewalten, die von früheren Welten nicht loslassen wollen. Sie halten am Gewordenen fest, bewohnen Ymirs Knochen und sind darin groß geworden. Jung sind die Götter, jünger noch das Menschengeschlecht. Alt sind die Riesen und Thursen, der gesamte Stamm der Joten.

> Saß da im Osten,
> im eisernen Walde die Alte.
> Fütterte fleißig
> gefräßigen Wolfes Brut.
> Einstens wird sein
> von ihnen einer
> der Sonnendieb.
> — — —
> Wisset ihr, oder wie?

Wer diese Alte war, ist in der Edda nicht gesagt. Vermuten darf man, dass sie jener Heid verwandt ist, von der im Folgenden die Rede.

Wie dem sei, der schlechte Met, der zur Erde fiel, wurde von einem tückischen Weibe aufgefunden. Insgeheim vermischte sie ihn mit bösem Blut, dass es einen Saft gab, der dem die schwarze Kunst verlieh, der davon trank. Nun erschollen nicht nur Schmäh- und Schimpflieder, sondern Fluch- und Zaubersprüche. Bis in die Reiche der Wanen drang die zerstörende Wirkung des Fluchs. Denn die Beschwörungen wurden in den Wind geflüstert, ins Wasser gezeichnet, auf Hörner, Nägel und in Baumwurzeln gekerbt.

In Jotunheim, wo jenes Weib herkam, hieß sie Angerboda. Auch unter Asen und Wanen drohte Streit zu entflammen, denn da trat nun Gullweig auf. Als sie unter Menschen trat, gab sie sich den Namen Heid.

Dreimal haben die Asen Gullweig mit Speeren durchstoßen und in der Halle Odins, des Hohen, auf einem Scheiterhaufen aus Lindenholz verbrannt. Doch jedes Mal blieb Gullweigs Herz in der Asche unversehrt. Und jedes Mal hat Loki es dort gefunden und verschlungen. Mag ihm das ein Schmaus gewesen sein, denn nach jeder Mahlzeit hat er ein Böses zur Welt gebracht!

Was aber in der Halle des Hohen vernichtet wurde, das fasste unter den Menschen in Midgard wieder Fuß. Dort trat nun Heid auf, ging in Hof und Gehöft umher und goss jeder gehässigen Seele vom bösen Safte ein.

Da stiegen die Götter auf ihre Richterstühle, stellten einander zur Rede. Sollten die Asen büßen, dass sie Gullweig gerichtet hatten? Oder sollte vielmehr allen Göttern geopfert werden? Streit brach unter Asen und Wanen aus. Wer hatte die Luft mit Lüge verwoben? Wer die Geliebte Odrs dem Jotungeschlecht ausgeliefert?

Freya, hier die Geliebte Odrs genannt, war aus dem Geschlecht der Wanen. War sie durch die Verbreitung der schwarzen Künste nicht mehr in Asgard zu halten? Also beschwerten sich die Wanen, denn sie meinten, mitverantwortlich seien die Asen für das Unglück. Denn durch die dreifache Verbrennung Gullweigs sei das Unheil nicht getilgt, sondern nur nach Midgard verschoben. Bei solchem Vorwurf erhob sich ein Sturm unter den Asen:

Schleuderte Odin
Speer in den Haufen.
Streit der Völker,
der erste entflammte.
Ward gebrochen
die Wand in Asgard.
Über die Auen
wichen die Wanen.

Nun war die Weltenordnung aufs Höchste bedroht. Da traten aus dem Geschlechte der Asen Odin, aus den Reihen der Wanen Heimdall hervor. Odin entschloss sich, ein Opfer zu bringen. In den Brunnen Mimirs versenkt er ein Auge. Das war Walvaters Pfand. Heimdall opfert den Laut, er, der Hüter dessen, was tönend die Welt durchdringt. Von nun an wird der geheimnisvolle Zusammenklang aller Dinge unter dem Stamm Yggdrasils verwahrt. Also spricht die Wala:

Auge des Odin
weiß ich verborgen
in dem Brunnen
an Baumes Wurzel.
Met trinkt Mimir
jeden Morgen
aus Walvaters Pfand.
Wisset ihr, oder wie?

Laut des Heimdall
weiß sie verwahrt
unter der hohen,
heiligen Esche.
Schäumen darüber
heilige Wasser
aus Walvaters Pfand.
Wisset ihr, oder wie?

Dort, wo der Wächter des Weltengrundes waltet, wo das heilige Wasser des Lebens fließt, da liegt das Geistesauge Odins, der Geisteston Heimdalls. Das ist der Ort, wo wieder Friede zwischen Asen und Wanen hergestellt wurde.

Das goldene Zeitalter aber war vorbei. Wenn auch der böse Zauber durch der Götter Opfer eingedämmt wurde, so hatten doch Hader und Unfriede Eingang in die Welt gefunden.

Die Kinder Lokis

Dreimal hatte Loki das halbverbrannte Herz von Gullweig gegessen. Da ist er schwanger geworden und hat geboren. Als Erstes die Midgardschlange, als Zweites den Wolf Fenris, als Drittes die Hel, halb schwarz, halb weiß.

Wie die Götter davon erfuhren, nahm Odin die Schlange beim Schwanz und warf sie hinab in die Tiefe des Meeres, das Midgard umspült. Ihre Nahrung ist der Menschen Eigenliebe. Kein Wunder, dass sie ins Unermessliche gewachsen ist, so dass sie Midgard ganz umschlingt. Da liegt sie nun und beißt sich selber in den Schwanz. Mit der Midgardschlange wird Thor, der Hammer schleudernde Donnergott, zu kämpfen haben.

Fenris war anfangs klein. Um ihn kümmerten sich die Götter nicht. Er wuchs aber schnell. Denn alles was gelogen wird, ist seine Nahrung. Auf einmal war er so groß, dass die Götter sehr zu sinnen hatten, wie sie mit Fenris fertig würden. Sie ließen starke Ketten schmieden und sagten Fenris, nur zum Spaß solle er sie anlegen, damit er seine Kraft zeige. Der Wolf ließ sich's gefallen. Die Kette zerriss er so mühelos, als sei es ein Kinderspiel. Die Götter verbargen ihren Schrecken und bestellten neue Ketten, viel schwerer als die ersten. Aber auch diese zerriss der Wolf. Da schickte Odin heimlich Boten zu einigen Zwergen, damit sie unzerreißbare Bande schmiedeten. Jene Zwerge aber haben Folgendes zusammengeschmiedet: der Berge Wurzeln, der Frauen Bart, der Katze Fußtritte, der Fische Atem, der Vögel Speichel, des Bären Sehnen. Das gab ein Band namens Gleipnir. Gleipnir sah ganz harmlos aus, leicht und geschmeidig wie Seide. Mit diesem gingen die Götter zu Fenris und fragten ihn, ob er es auch mit Gleipnir aufnehmen wolle.

Fenris aber, als er die dünne Fessel sah, schöpfte Verdacht. Nur

wenn einer der Götter ihm die rechte Hand in den Rachen lege, wolle er einen Versuch machen. Da haben sich die Götter gegenseitig angeschaut, denn keinen verlangte es danach, seine rechte Hand herzugeben. Zuletzt entschloss sich der mutige Ty und legte dem Wolf die Hand zwischen die Zähne.

Nun ließ sich Fenris mit Gleipnir fesseln. Wie er aber merkte, dass dieses Band nicht zerreißen wollte, tobte er immer wilder, um loszukommen. Dabei schnürte sich Gleipnir nur immer fester zu. Die Götter lachten. Ty nicht; er verlor seine Hand.

Den Wolf führten sie hinaus auf eine kleine Insel im Meere Amsvartne. Dort befestigten sie die Bande an einem erdfesten Stein. Der Wolf warf sich hin und her und biss nach den Göttern. Da stellten sie ihm ein Schwert in den Rachen, das Heft in den unteren, die Spitze in den oberen Gaumen. Er heult laut. Der Speichel, der aus seinem Maule quillt, bildet einen Fluss in der Unterwelt.

Und da liegt er bis Ragnarök.

Hel, die Letztgeborene von Lokis Kindern, wurde in die Unterwelt versetzt, tiefer noch als Niflheim. Da hat sie ihr Reich, finster, frostig, von hohen Zäunen umriegelt. Es ist das Haus des Todes, heißt Verzehrung. Ihr Tisch heißt Hunger, ihr Becher Durst, ihr Diener Lauffaul, ihr Bett Krankenlager, dessen Vorhang Unglück.

Eigentum der Hel sind jene Seelen, die nicht mutvoll ihr Leben im Kampfe hingeben, sondern den Leib lieben und träge auf ihrem Strohlager dahinsiechen.

Frey wirbt um eines Riesen Tochter

Eines Tages hatte sich Frey, des Njörd Sohn, auf Odins Stuhl Lidskjalf gesetzt. Von dort konnte er über alle Welten hinausschauen. Auf einmal erblickte er fern gen Norden in Jotunheim eine wunderschöne Maid, die gerade aus dem Hause ihres Vaters, des Riesen Gymir, trat. Sie hob ihre weißen Arme, dass sich Luft und Meer von dem Schein erhellten.

Frey wurde von tiefer Schwermut ergriffen. Er sprach kein Wort mehr, konnte nicht schlafen, konnte nicht trinken. Niemand wagte ihn nach dem Grund seines Kummers zu fragen.

Njörd, der seines Sohnes wegen voll Sorge war, bat Skirne, Freys Waffenträger, zu erforschen, was den Gott betrübe. Dazu hatte aber Skirne wenig Lust. «Nur Schelten bekomm ich zu hören», meinte er, «wenn ich meinen Herrn um solches frage.» Schließlich aber, als auch Skade, Freys Stiefmutter, darauf drängte, gab Skirne nach und fragte Frey nach dem Grund seines Kummers.

Frey antwortete: «Warum sollte ich dir, du junger Freund, den Grund meines Grames sagen? Die Sonne scheint, erfreue dich ihres Lichtes. Nimmer erhellt sie mir den trüben Tag.»

Da erinnerte Skirne Frey daran, wie sie immer Lust und Leid miteinander geteilt hätten, und nie habe der eine dem anderen seinen Sinn verborgen. Frey bedachte seine Worte und gestand ihm seine unglückliche Liebe. «Gerd ist ihr Name, und sie dünkt mir herrlicher als je einem Jüngling eine Maid. Doch weder Asen noch Wanen, noch Alben, gönnen mir diese Braut. Denn eines Riesen Tochter ist sie.»

Skirne antwortete: «Gib mir Bluthuf, dein Pferd, das mich trägt durch den qualmenden Rauch und das lodernde Feuer um Gymirs Hof! Gib mir auch das Schwert, das sich selber schwingt gegen Riesen! Dann fahre ich nach Jotunheim und werbe für dich um Gerd.»

Das gab ihm Frey gerne und auch Geschenke aus Gold für die begehrte Braut.

Als Skirne aus Asgard ritt, sprach er zu seinem Ross: «Dunkel mir dünkt's da draußen! Doch säumen dürfen wir nicht. Über taufeuchte Berge, durch tückische Wälder führt uns der Weg. Entweder wir beide kehren zurück oder erliegen beide des Riesen Gewalt!»

Vor dem Hofe Gymirs hielt Skirne. Dort war ein Zaun und ein loderndes Feuer um das Haus gelegt, die ihm den Weg versperrten. Vor dem Zaun saß auf einem Hügel Gerds Bruder. «Wer bist du», fragte er, «ein Todgeweihter oder ein Toter schon? Nie komme du der hehren Tochter Gymirs vor Augen!»

Skirne rief: «Besser nenn ich's, als Todgeweihter zu kämpfen, als unverrichteter Dinge von dannen zu ziehen!» Damit zog er das Schwert und schlug den Hüter tot, spornte Bluthuf, dass es über Zaun und durch züngelndes Feuer sprang.

Gerd hörte den Lärm und bat ihre Magd, nachzuschauen, was die Ursache sei. Schnell kam diese zurück und berichtete, dass ein Unbekannter soeben aus dem Sattel steige und Eintritt begehre. Zwar fürchtete Gerd, ihres Bruders Besieger zu empfangen, doch wollte sie das Gesetz der Gastfreundschaft nicht verletzen und gewährte Eintritt.

«Bist du ein Sohn der Asen», begrüßte sie Skirne, «ein Albe oder der weisen Wanen einer? Wie rittst du allein durch das lodernde Feuer? Es bebte davon der Gymirshof.»

Skirne erwiderte den Gruß: «Nicht einen der Asen Söhne du vor dir siehst, noch Alben, noch von den weisen Wanen einen. Allein ich ritt durch die sengende Glut, die Tochter des Riesen zu finden.» Darauf holte er elf goldene Äpfel aus dem Beutel. Die bot er Gerd als Brautgeschenk an. Dann begann er Freys große Macht und Herrlichkeit zu rühmen. Doch davon wollte Gerd nichts hören, und von den goldenen Äpfeln wollte sie nichts wissen. «An Gold ermangeln wir nicht in Gymirs Hofe», sagte sie. «Nie und nimmer werde ich Haus und Habe teilen mit Frey.» Da holte Skirne ein Kleinod der Götter hervor, den Wunderring Draupnir, von welchem jede neunte Nacht acht gleich schwere Ringe tropfen. Aber Gerd wies auch diesen mit stolzen Worten zurück: «Hab ich dir nicht gesagt, dass nach der Götter Gold mich nicht gelüstet!»

Zornerregt zog Skirne das Schwert und rief: «Schaue, du Schnöde, dies Schwert! Das Haupt vom Halse schlag ich dir, so deinen Sinn du nicht änderst!»

Gerd sprach: «Drohung zu dulden, einem Werber zu Wunsch, ziemt nicht Gymirs Tochter. Wünschest du Kampf, dann stell dich dem Vater entgegen.»

Skirne: «Schaue, du Schnöde, dies Schwert, das in des Riesen, deines Vaters Blut ich tränke. Dich mit der Zauberrute ich schlage, dass ich dich zähme nach meinem Willen.

Dorthin schick ich dich, wo dich kein Mensch mehr erblickt. Auf Raubvogels Hügel du hocke! Schiele hinab zu Hel. Zum Ekel werde dir alle Speise, mehr als dem Manne windender Wurm!

Werde zum Scheusal aller Geschlechter! Wo du auf Wegen dich schleichst, starre ein jeder dich an. Kummer, Neid und Reue kratze dich Tag und Nacht.

Höre, Weib, was mehr ich dir künde: Aufzehren sollen dich Wahnsinn, Wirrsal und Not! Verdorren sollst du, der Distel gleich, die bei der Ernte verworfen. Magd seist du eines dreiköpfigen Thursen. Trolle quälen dich Nacht für Nacht.

Frostgrimm hole dich. Er bewirte dich. Widrige Wichte, die um faulende Wurzeln kriechen, bieten dir Harn von Böcken. Das sei dir Trank, du ruchlose Maid! Denn bös ist dir Odin, feind dir Frey, gram dir alle Göttersöhne.

Höret, Riesen, höret, Reifthursen, Zwerge, Wichte, Kobolde: Zum Walde ging ich, zum Baum hin, die Zauberrute zu holen. Habe sie auch geholt, die Maid damit zu schlagen.

Drei hölzerne Stäbe holte ich und habe darin geritzt der Runen drei: Eine für Wut, eine für Ohnmacht, eine für Irrsinn.

Wie ich sie ritzte, so schneid ich sie ab, wenn es einmal dessen bedarf.»

Bei diesem Fluch begann Gerd zu beben. Sie erhob sich von ihrem Stuhl und befahl ihrer Magd, Skirne den gefüllten Becher zu reichen. «Gegrüßt sei der Bote der hehren Götter», sprach sie. «Nie hätte Gymirs Tochter geglaubt, dass sie erkoren, eines Wanen Weib zu werden.»

Doch Skirne erbat sich vollen Bescheid, ehe er von Jotunheim zog. Ort und Stunde wollte er wissen, wann sie sich dem starken

Frey verbinden werde. Gerd nannte einen geheimen Hain Barri, dort wolle sie nach neun Nächten Frey, dem Sohne Njörds, ihre Gunst schenken.

Danach ritt Skirne heimwärts. Voll Ungeduld erwartete ihn Frey, und der Werber war noch nicht aus dem Sattel gestiegen, als dieser rief: «Sage schnell, mein Freund, gewannst du Gerd in Gymirs Hof nach meinem Wunsch?»

Als er aber erfuhr, dass er erst in neun Nächten seiner Braut vermählt werden könne, sprach er: «Lange genug ist mir eine Nacht, länger noch sind zwei. Wie durchharre ich drei? Oft ein Monat kürzer mir dünkte als eine der Nächte, die uns noch trennen.»

Iduns Äpfel und Thjassis Tod

Einst wanderten Odin, Loki und Hönir in wilden Bergen und Einöden umher und hatten große Mühe, sich das Nötige zum Essen zu verschaffen. Endlich gerieten sie in ein Tal, wo sie eine Rinderherde fanden. Sie schlachteten einen Ochsen, zündeten ein Feuer an und begannen das Fleisch zwischen heißen Steinen zu rösten. Als ihnen schien, das Fleisch müsse gar sein, nahmen sie es heraus. Es war aber roh, und sie mussten es wieder auf die Glut legen. Nach einiger Zeit holten sie es zum zweiten Mal heraus, das Fleisch war aber genauso roh wie vorher. Die Götter verwunderten sich sehr und fragten einander, wie das wohl zugehe. Da hörten sie eine Stimme aus dem Wipfel jener Eiche, unter der sie gerade saßen: «Ich bin schuld, dass das Fleisch nicht gar wird. Gebt mir Anteil an eurer Mahlzeit, dann soll es gleich fertig sein.»

Wie nun die Götter hinaufschauten, entdeckten sie oben im Baum einen großen Adler. Sie versprachen dem Adler, was er begehrte, und gleich stieß er hinab und holte sich das Beste heraus, die beiden Hinterkeulen und die Schulterstücke. Loki, der immer am gefräßigsten war, wurde darüber so zornig, dass er dem Adler mit einer langen Stange nachlief. Als er aber nach dem Vogel schlug, blieb die Stange am Gefieder hängen. Auch Loki kam auf einmal von der Stange nicht los, sondern blieb hängen. Danach wurde er hin und her geschleudert, über Stock und Stein geschleppt, bis er schier glaubte, seine Arme würden ihm aus dem Leibe gerissen. Ganz jämmerlich flehte er den Adler an, dass er dem Zauber ein Ende mache. Dieser sagte: «Ich bin Thjassi. Ihr habt euch an meinem Eigentum verbrochen. Denn auf meinem Grund seid ihr, und mein war die Herde, die ihr fandet.» Dann aber zwang er Loki, zu versprechen, dass er Idun mit ihren Äpfeln aus Asgard locken solle, und auf dieses Versprechen ließ er Loki einen Eid

schwören. Dann erst kam Loki von der Stange los und kehrte zu den beiden andern zurück.

Was die Götter sonst auf dieser Wanderung erfuhren, wird nicht berichtet.

Als die mit dem Adler verabredete Zeit nahte, ging Loki zu Idun und sagte: «Ich habe in einem Walde außerhalb Asgard einen Apfelbaum gefunden. Nicht glaube ich, dass sich deine Äpfel mit denen an jenem Baume vergleichen lassen.» Mit solchen Reden stachelte er Idun auf, dass sie ihm letztlich folgte, um selber die Äpfel Lokis mit ihren eigenen zu vergleichen. Wie sie aber vor dem Baum stand, erschien auf einmal der Riese Thjassi in Adlergestalt und entführte sie nach seinem Hof in Trymheim.

Die Asen erschraken nicht wenig, als sie entdeckten, dass Idun verschwunden war. Bald begannen sie auch grau und runzelig zu werden, denn jetzt fehlte ihnen die verjüngende Kraft aus Iduns Äpfeln. Nun gingen sie miteinander zu Rate und fragten, wer Idun zuletzt gesehen habe, wann und wo. Da kam's heraus, dass sie Loki aus Asgard gefolgt war, und seither hatte sie niemand gesehen. Loki wurde verhört und gestand. Die Götter bedrohten ihn mit Marter und Tod, dass er ihnen Idun wieder nach Asgard brächte. Loki versprach es und ging zu Freya, damit sie ihm ihr Falkengewand leihe. Das tat sie. Und Loki flog nach Trymheim.

Thjassi war auf die See hinausgerudert. Aber Idun saß im Turm. Loki verwandelte sie in eine Nuss, fasste sie mit seinen Klauen und flog davon. Nun kam aber Thjassi nach Hause und sah, dass Idun verschwunden war. Er nahm Adlergestalt an und setzte Loki nach. Dieweil der Adler keine Nuss in den Klauen hatte, kam er dem Falken immer näher.

Die Asen sahen von weitem die beiden Vögel, den verfolgten Falken und den hinterhersausenden Adler. Da gingen sie vor die Mauer Asgards hinaus und trugen da einen großen Haufen Späne zusammen. Und in demselben Augenblick, als der Falke über die Mauer flog, fachten sie ein großes Feuer an. Der Adler kam so schnell heran, dass er ins Feuer stürzte und verbrannte. Die Asen liefen herbei und töteten den Riesen innerhalb des Tores. Das war aber friedheiliger Grund.

Jetzt rüstete sich Skade, die Tochter Thjassis, und zog gegen Asgard aus, um ihren Vater zu rächen. Die Asen aber boten ihr Buße an, die

Skade annahm, wie schon erzählt. Doch stellte sie sogleich auch die Bedingung, dass die Asen sie aus der Trauer zum Lachen brächten. Denn dazu glaubte sie die Götter nicht fähig.

Jedoch Loki erfand eine Unanständigkeit. Er befestigte sich mit einem Seil an einer Ziege und führte einen tollen Liebestanz auf, wobei er zuletzt Skade in den Schoß taumelte. Da war es aber mit ihrem Ernst zu Ende, und sie brach in lautes Lachen aus.

Skade bat, dass die Götter ihrem Vater ein würdiges Denkmal setzten. Und Thor nahm die Augen Thjassis und warf sie an den Himmel hinauf, wo sie zu zwei großen Sternen wurden.

Thor holt Hymirs Kessel

Nicht alle Riesen waren den Göttern bös gesinnt. Es gab auch solche, die ihnen gute Freundschaft hielten. Zu diesen gehörte der Meerriese Ögir. Manches Jahr lud er die Asen und Asinnen zu einem Trinkgelage ein.

Einst, als die Asen auf einer Jagd viel Wild erbeutet hatten, bekamen sie großen Durst. Da kehrten sie bei Ögir ein. Bald aber kamen sie dahinter, und zwar durch Runen, die sie zu deuten wussten, dass der Bierkessel Ögirs zu klein war. Dies verdross Ögir sehr. «Wenn mein Kessel den Göttern nicht genügt, dann sorget selber für einen größeren», sprach er – wohl wissend, dass er sie damit auf eine harte Probe stellte. In der Tat wussten die Götter nicht, wo sie einen größeren Kessel herholen sollten. Da sprach Ty: «Ostwärts von Elivog, am Rande des Himmels, wohnt mein Stiefvater Hymir. Bei ihm findet sich ein Kessel. Der ist geräumig. Eine Meile ist er tief.»

«Und glaubst du, dass er uns den Kessel leihen will?», fragte Thor.

«Doch, wenn wir mit List vorgehen», sagte Ty.

Thor und Ty nahmen sich vor, den Kessel Hymirs zu holen. Ein Stück des Weges fuhren die Götter mit den Böcken. Dann stellten sie diese bei Egil, einem Freunde Thors, in den Stall und gingen zu Fuß zum Hofe Hymirs.

Dicht am Eingang kauerte ein Furcht erregendes Ungeheuer, ein Weibsgebilde mit neunhundert Köpfen. Sie schrie den Eintretenden bös entgegen. Und wären sie keine Götter gewesen, sie hätten sich kaum durch die Tür gewagt.

Als sie über die Schwelle kamen, trat ihnen eine wunderschöne, goldgeschmückte Frau entgegen. Sie grüßte Ty als ihren Sohn, grüßte auch Thor. «Hymir ist noch nicht von seiner Jagd zurückgekehrt», sprach die Frau, «doch wenn er kommt, wird er keinem Gast freundlich sein. Und so er in Zorn gerät, zerschmettert sein Blick alles, wonach er schaut. Darum stellt euch dort hinter den großen Pfeiler und kommt erst hervor, wenn sich sein zorniges Auge entladen hat.»

Das taten Thor und Ty. Über dem Pfeiler lag ein Querbalken, auf dem acht schwere Kessel hingen. Alle waren groß, doch einer übertraf bei weitem die andern.

Eine Weile standen die Götter hinter dem Pfeiler. Da dröhnte auf einmal der Boden vom Tritt des heimkehrenden Riesen. «Heil dir, Hymir», sprach die schöne Frau, «zürne unseren Gästen nicht. Der uns versippte Ty ist gekommen und mit ihm der Blitzeschleuderer, Thor.»

«Wo hocken die Kerle?», rief Hymir und schüttelte den Kopf, dass die Eiszapfen am gefrorenen Bart klirrten. Denn der Frost war überaus groß.

«Schau dort, bei der Giebelwand, hinter dem Pfeiler», sagte die schöne Frau.

Da entluden sich die Augen Hymirs mit solcher Kraft, dass der Pfeiler in Splitter und Stücke zersprang. Der Querbalken mit den Kesseln fiel herunter, wobei von diesen nur einer, der große, heil blieb.

Thor und Ty traten hervor. Hymirs Augen hatten sich für diesmal erschöpft, er selbst war sichtlich kleiner geworden. Es wurden jetzt drei Stiere geschlachtet, auf Spießen geröstet und auf die Tische getragen. Davon aß Thor allein zwei.

Als Hymir die große Esslust des Hammerschwingers sah, meinte er, sie müssten am nächsten Tage auf Jagd oder Fischfang ausziehen, sonst würde bald sein ganzer Vorrat zu Ende sein. Darauf gingen sie zur Ruh.

Wie der nächste Morgen kam, sagte Thor, dass ihm zu angeln gelüste. «Wo finde ich aber einen guten Köder?», fragte er.

«Mag ein jeder für sich sorgen», antwortete der Riese, «suche dir den Köder, wo du willst.»

Da ging Thor zu einer Viehherde, die unweit des Hofes weidete, und suchte sich den größten Stier aus. Der hieß Himinrjod und war Hymirs Stolz. Den packte Thor bei den Hörnern und riss ihm den Kopf ab. Als er mit diesem Köder an den Strand kam, wo Hymir gerade das Boot aufs Wasser brachte, wurde der Riese über den

Verlust des schönen Tieres sehr verärgert. Murrend setzte er sich vorne an den Bug und griff zu den Rudern. Thor setzte sich hinten in den Schöpfraum. Beide ruderten, was sie nur konnten, bis sie zu den Fischgründen kamen, wo Hymir für gewöhnlich Heilbutt angelte. Doch Thor wollte weiter aufs Meer hinaus, denn er war nicht gesinnt, Heilbutt zu fischen. Ihn lockte ganz anderer Fang – nach der Midgardschlange wollte er den Haken auswerfen.

Immer weiter ruderten sie, und Hymir bekam es mit der Angst zu tun. Doch ließ er sich vorerst nichts merken. Endlich meinte Thor, sie seien weit genug draußen. Sie zogen die Ruder ein und begannen zu fischen. Erst zuckte die Schnur bei Hymir, und gleich darauf zog er zwei große Wale aus der Flut. Jetzt nahm Thor den Stierkopf, setzte ihn auf den Haken und warf die Schnur über Bord. Nicht lange dauerte es, da zuckte es auch bei ihm, und zwar mit solcher Kraft, dass ihm die Fäuste hart gegen den Bootsrand geschlagen wurden. Der große Wurm hatte angebissen, der Haken war ihm tief in den Gaumen gedrungen. Von dem wild sich windenden Ungeheuer wurde die See aufgepeitscht. Hin und her in den brandenden Wogen schaukelte das Boot und nahm viel Wasser auf, während Thor aus Leibeskräften zu ziehen begann. Da packte ihn auf einmal der Asenzorn. Er stemmte seine Füße gegen die Bordwand, dass sie hindurchgingen und auf den Grund des Meeres zu stehen kamen. Seine Faust ballte sich um den Schaft des Hammers. Von unten nahte der Kopf des Wurms. Fürwahr: Ein Fürchterlicheres hat niemand gesehen als die Augen des Blitzeschleuderers, als er die Gift speiende Midgardschlange erblickte und diese den Zorngewaltigen aus der Tiefe anglotzte.

Voll Schreck hatte Hymir zugeschaut. Als aber der grausige Kopf langsam auftauchte, konnte er sich nicht mehr halten. Schnell griff er sein Messer und durchschnitt die Schnur. Thor schleuderte Mjöllnir dem Wurme nach; doch zu spät. Schon hatte die finstere Flut dem Hammer sein Ziel genommen.

Hymir aber bekam einen Hieb unter dem linken Ohr, dass er rücklings über die Bank fiel und seine Fersen dem Himmel zeigte. Danach ruderten sie ans Land, und es sprach keiner von ihnen ein einziges Wort.

Doch als der Kiel gegen den Sand scheuerte, sagte Hymir: «Jetzt

wollen wir die Arbeit teilen. Entweder trage die Wale nach Hause oder schiebe mir das Boot aufs Land.»

Thor antwortete nichts, sondern zog das Boot mit den Walen und allem, was sonst darin war, aufs Land. Danach schulterte er die beiden Wale und trug sie durch Morast und Wald nach Hymirs Hof.

Dort erwartete sie die schöne Frau mit einer guten Mahlzeit. Auch Ty war da.

Im eigenen Haus begann Hymir der Mut wieder zu schwellen. Als der Trank auf die Tische getragen war, hob er seinen Becher und rief dem Donnergotte zu: «Zerschmeiße mir diesen Becher, wenn du kannst, dann will ich deine Kraft rühmen.» – «Gib her», sagte Thor, nahm den Becher und warf ihn gegen einen steineren Pfeiler. Der Pfeiler zerbrach, der Becher blieb heil und kehrte in die Hand Hymirs zurück. Zum zweiten Male holte Thor zum Wurf aus. Der Becher aber flog unbeschadet in die Hand seines Besitzers zurück. Da flüsterte ihm die schöne Frau ins Ohr: «Wirf den Becher Hymir an den Kopf. Sein Schädel ist härter als Stein.»

Und als Thor zum dritten Male warf, gab er ihm des Riesen Schädel zum Ziel. Jetzt zersprang der Becher, der Schädel aber nicht. Hymir schaute sich die Scherben an, bedauerte seinen Verlust und sprach: «Ein teures Ding zerbrach mir da. Doch Mannes Wort sei mit dem Becher nicht gebrochen. Nun nimm den großen Kessel und trage ihn fort aus Hymirs Hof.»

Gleich standen die Götter auf. Erst wollte Ty den Kessel heben, konnte ihn aber nicht vom Boden heben. Zweimal versuchte es Ty, jedes Mal vergebens. Da fasste Thor mit beiden Händen an, hob den Kessel hoch und stülpte ihn sich selber über den Kopf, dass der Ring ihm um die Fersen klirrte.

Damit schieden die Asen aus Hymirs Hof.

Wie Thor seinen Hammer wiedergewann

Das Thrymslied

Wütend war Wingthor
als er erwachte
und sich des Hammers
nicht habhaft fand.
Schüttelte Schopf,
schwenkte den Bart –
grollend um sich
der Jord Sohn griff.

Und er die Worte
zuallererst sprach:
«Lausche nun, Loki,
Lorrides Rede –
niemand im Himmel
noch auf der Erde es weiß:
bestohlen der Ase
ist nun des Hammers.»

Gingen sie Freya
in Folkwang zu finden.
Und er die Worte
zuallererst sprach:
«Willst du mir, Freya,
dein Federhemd leihen,
dass wieder den Hammer
gewinnen ich kann?»

Freya:
«Und wär' es aus Gold,
ich geb dir es gerne.
Wäre Silber-gewoben,
es sollte dir dienen!»

Flog nun Loki,
das Federhemd rauschte,
bis aus Asgard er kam
und sich alsdann
in Jotunheim fand.

Saß auf dem Hügel Thrym,
König der Thursen,
flocht seinen Hunden
Fesseln aus Gold,
und seinen Mähren
die Mähnen stutzte.

Thrym:
«Wie steht's mit den Asen?
Wie steht's mit den Wanen?
Warum allein
nach Jotunheim kommst du?»

Loki:
«Schlecht geht's den Asen,
schlecht geht's den Wanen.
Hast du Lorrides
Hammer verborgen?»

Thrym:
«Lorrides Hammer
hab ich verborgen
acht Meilen tief
unter dem Torf.

Heben darf ihn
einzig wer mir
Freya die holde
führet ins Haus.»

Flog nun Loki –
das Federhemd rauschte –
bis aus Jotunheim
er hinauskam,
und er in Asgard
wieder sich fand.
Thor durch die Türe
trat ihm entgegen,
und er die Worte
zuallererst sprach:

«Ward dir Glück
auf der Fahrt gegönnt?
Sprich aus der Luft
die lange Sage.
Sitzender Mann
vergisst seine Mär,
liegender sinnt nur
auf lästige Lügen.»

Loki: «Glück mir ward
auf der Fahrt gegönnt.
Thrym hat den Hammer,
der König der Thursen.
Heben darf ihn
einzig wer ihm
Freya, die holde,
führet ins Haus.»

Gingen sie Freya
in Folkwang zu finden.

Und er die Worte
zuallererst sprach:
«Hurtig binde
die Brautlinnen um dich.
Jetzt wir wollen
nach Jotunheim fahren!»

Zischend da ward
Freya vor Zorn.
Zu beben begann
der Götter Burg,
vom Busen ihr sprang
das Brising-Geschmeide.
«Männertoll meint ihr
dass ich bin,
wenn ich mit dir
nach Jotunheim zöge! »

Traten die Asen,
die trauten, zusammen,
Götter und Göttinnen alle
waren am Thingplatz zugegen,
mühten sich redlich,
Rat nun zu finden,
wie sie gelangten
zu Lorrides Hammer.

Sprach da Heimdall,
von Göttern der hellste,
weit sah voraus er,
wie Wanen es tun:
«Binden um Thor
die Brautlinnen wir,
hängen das Brising-Geschmeide
ihm um den Hals.

Lassen ihm Schlüssel
am Gürtel schellen
und um die Fersen sich
Frauen-Kleid falten.
Strahlende Steine
setzt auf die Brust ihm,
und seine Haare
bindet ihm hoch.»

Sprach da Thor,
der tatkräft'ge Gott:
«Mich als Weib dann
werden verlachen
Wanen und Asen,
wenn solches geschieht!»

Sprach da Loki,
der Lauvey Sohn:
«Besser du schwiegst
als dieses schwätzest.
Bald werden Joten
Asgard bebauen,
so nicht den Hammer
du wieder gewinnst.»

Banden Thor sie
die Brautlinnen um,
hängten das Brising-Geschmeide
ihm um den Hals.
Ließen auch Schlüssel
am Gürtel ihm schellen
und um die Fersen sich
Frauen-Kleid falten.
Strahlende Steine
setzten sie ihm auf die Brust,
und seine Haare
banden sie hoch.

Loki nun sprach,
der Lauvey Sohn:
«Mich als Magd
du mit dir nehme,
Weiber zu zweit wir
nach Jotunheim ziehen.»

Bald die Böcke
herbeigeholt waren
und vor den Karren gespannt.
Rennen sie konnten –
die Berge barsten,
Feuer die Erde umfing:
Nach Jotunheim fuhr
nun Odins Sohn.

Sprach da Thrym,
König der Thursen:
«Auf nun, traget
Stroh auf die Bänke!
Jetzt wird Freya
ins Haus mir geführt,
Tochter des Njörd
in Noatun.

Gold-gehörnte Kühe
gehn im Hofe umher,
Aal-schwarzer Stiere
erfreuet sich Thrym.
Genug hab ich der Güter,
genug des Goldes auch.
Einzig Freya
bis jetzt mir fehlte.»

Früh war's am Abend,
als aufgetragen den Joten
Trank auf die Tische ward.

Einen Ochsen
aß Thor allein,
acht der Lachse,
jeglichen Schmaus,
für Frauen geschmoren,
drei Maß Met
der Siv Mann trank.

Fragte da Thrym,
König der Thursen:
«Wo hast gesehen
du eine Braut,
die breitere Bissen
zu sich nahm?
Wo hast gefunden
du eine Frau,
die tüchtiger als
meine Freya trank?»

Nun saß daneben
die neckische Magd,
die Antwort fand
auf des Joten Rede:
«Nicht aß Freya
acht Nächte lang,
so nach Jotunheim
sie sich sehnte.»

Er lüftet die Linnen,
zu Küssen ihn lüstet.
Doch rücklings Thrym
im Saale taumelt.
«Warum schaut sie
so scharf mich an?
Feuer da flammt
aus Freyas Augen!»

Nun saß daneben
die neckische Magd,
die Antwort fand
auf des Joten Rede:
«Nicht schlief Freya
acht Nächte lang,
so nach Jotunheim
sie sich sehnte.»

Kam da herein
die Jotunschwester,
wollte den Brautschatz
sich erbeten:
«Reiche mir rote
Ringe vom Arm,
wenn du bei mir
willst Freundschaft finden,
Freundschaft willst haben
und Huldigung.»

Sprach da Thrym,
König der Thursen:
«Hole den Hammer,
die Braut zu heiligen.
Leget Mjöllnir
der Maid aufs Knie,
uns zu vermählen
durch die Hand der Wor.»

Lachte im Leibe
Lorrides Herz,
als in der Hand
den Hammer er hielt.
Tötete Thrym,
das tat er zuerst.
Die Sippe der Joten
erschlug er allda.

Erschlug er die alte
Jotunschwester,
die um den Brautschatz
zu bitten gewagt.
Hiebe erhielt sie
statt Haufen der Ringe.
So seines Hammers
Wingthor ward habhaft.

Thor bei Utgard-Loki

Weit dahinten, wo die Welt zu schwinden beginnt, liegt ein unermessliches Reich. Das ist Utgard, zu deutsch Außenhof. Von Utgard wussten die Alten nur, dass dort der mächtige Utgard-Loki herrscht.

Ihm ist Thor einst begegnet.

Thor mit seinen Böcken war ausgezogen, und Loki begleitete ihn. Abends kamen die beiden Götter zu einem Bauern. Bei ihm erbaten sie sich eine Schlafstätte für die Nacht. Das wurde ihnen nicht verweigert, aber zum Essen hatte der Bauer nichts. Da schlachtete Thor die Böcke und warf das Fleisch zum Sieden in einen Kessel. Die Felle breitete er nahe am Feuer auf dem Boden aus. Danach lud er den Bauern mitsamt seinem Gesinde zu einer Mahlzeit ein. Doch sagte Thor, dass sie alle mit den Knochen vorsichtig umgehen sollten, denn die gehörten nachher heil in die Felle.

Alle gehorchten, nur einer nicht, Tjalfi, der Sohn des Hauses. Ihn übermannte die Lust nach dem Mark, und insgeheim spaltete er einen Schenkelknochen und saugte ihn aus.

Danach gingen sie zur Ruh.

In der Frühe stand Thor auf, nahm seinen Hammer Mjöllnir, hob ihn hoch und schwang ihn über die Felle. Flugs sprangen die Böcke auf – frisch und lebendig; war aber dem einen der linke Hinterfuß nicht heil. Jetzt schwoll des Asengottes Zorn. Die Augenbrauen zog er herab und fragte, wer da sich an den Knochen vergriffen habe. – Der Bauer fiel auf die Knie. Alle zitterten und flehten, dass der Donnergott ihr Leben verschone. Zu jeder Buße seien sie bereit. Thor sah ihre Angst, und sein Zorn zerrann. Er nahm Tjalfi in seinen Dienst und war damit versöhnt.

Die Böcke ließ er nun zurück und zog mit Loki und Tjalfi ostwärts bis Jotunheim und weiter noch über die tiefen Meere hinaus.

Wogend war die See, wüst die Küste, die vor ihnen auftauchte. Sie gingen ans Land und gerieten bald in einen wilden, unwegsamen Wald. Tjalfi, der leichtfüßig war, trug ihre Zehrung. Lange irrten sie umher durch Dickicht und Gestrüpp. Spät am Abend, als es schon dunkelte, stießen sie unversehens auf etwas wie ein Gehäuse, nur dass die eine Querwand fehlte. Sie tasteten sich hinein und fanden darin auch einen kleinen Nebenraum. Dort versteckten sich Loki und Tjalfi, während Thor sich vor den Eingang setzte. Es war nun stockfinster geworden. Auf einmal begann die Erde zu beben, es krachte und donnerte, ihre Behausung schwankte hin und her, dass sie glaubten, das Dach würde ihnen auf den Kopf fallen. Die ganze Nacht währte der Spuk.

Bei Tagesanbruch gewahrte Thor einen Mann. Der lag im Walde und schlief und war nicht klein, denn von seinem Schnarchen rührten die Unruhen der Nacht. Thor legte seinen Kraftgürtel an und griff nach seinem Hammer. Da erwachte der Mann schnell und stand auf. Thor zögerte – nicht wusste er, wen er da vor sich hatte. Er fragte den Fremden nach seinem Namen. «Skrymir», antwortete dieser. «Nicht aber brauch ich zu fragen, wer du bist. Denn gewiss steht hier kein anderer als Asen-Thor vor mir. Wie aber? – Habt ihr meinen Handschuh fortgeschleppt?» Er bückte sich nach jenem Gehäuse, worin sie übernachtet hatten; das war sein Handschuh. Der Nebenraum war für seinen Daumen.

Nun fragte Skrymir, ob sie nicht ein Stück Weges seine Gefährten sein möchten. Dafür wolle er ihre Zehrung tragen. Thor wollte das nicht abschlagen; sie brachen auf, und den ganzen Tag schritt ihnen Skrymir voran durch den Wald. Spät am Abend suchten sie eine große Eiche auf, unter deren Geäst sie sich lagerten. Skrymir wollte gleich schlafen, – «ihr aber könnt essen, wenn ihr Hunger habt», sagte er.

Thor nahm den Sack und wollte ihn aufschnüren, konnte aber auf keine Weise den Knoten lösen. Da wurde er zornig, griff seinen Hammer mit beiden Händen, ging hin zu Skrymir und schmiss ihm mit aller Kraft den Hammer an den Kopf. Skrymir setzte sich auf und fragte verwundert, ob ein Blatt vom Baum gefallen sei; dann noch, ob sie gegessen hätten und wann sie sich zur Ruh begeben wollten.

Da hat Thor nicht viel geantwortet. Die drei Gefährten gingen hin und legten sich unter eine andere Eiche. Mitten in der Nacht hört

Thor wie Skrymir schnarcht. Er steht auf, tritt zu ihm hin und schlägt ihn mit solcher Kraft, dass der Hammer bis zum Schaft in dem Schädel des Gewaltigen versinkt. Sofort erwacht Skrymir und fragt: «Was ist denn das? Fiel mir eine Eichel auf den Kopf? Wie steht's mit dir, Thor, warum schläfst du nicht?» – Thor antwortet, er sei soeben aufgewacht, und geht schnell wieder zu seinen Genossen zurück.

Thor schlief aber nicht ein, sondern wartete nur ab, ob sich nicht eine dritte Gelegenheit böte. Dann will er Skrymir derart treffen, dass es für ihn kein Erwachen mehr gibt. Kurz vor Tagesanbruch hört er, dass Skrymir eingeschlafen ist. Wiederum steht er auf, geht hin und haut ihm den Hammer in jene Schläfe, die nach oben liegt, diesmal mit solcher Kraft, dass der ganze Schaft in dem Schädel versank.

Skrymir stand auf, strich sich über die Wange und fragte: «Nisten vielleicht Vögel im Baume hier? Mir schien, da fiel etwas auf mich herab. Bist du schon wach, Thor? Es wird wohl Zeit sein, aufzubrechen. Jetzt habt ihr nimmer weit bis zu einer Burg, die Utgard heißt. Mir blieb nicht verborgen, dass ihr einander zugeflüstert habt, ich sei nicht ganz klein. Wenn ihr aber nach Utgard kommt, werdet ihr Kerle sehen von ganz anderem Wuchs. Da rate ich euch, kein großes Maul zu machen. Denn die Mannen Utgard-Lokis werden keine Prahlerei von solchen Wichten wie euch dulden. So ihr nicht auf dies achtet, solltet ihr lieber die Nase heimwärts drehen. Das wäre vielleicht auf alle Fälle für euch das Beste. Wollt ihr aber doch Utgard-Loki aufsuchen, dann haltet ostwärts. Mein Weg geht nach Norden.» Nach diesen Worten nahm Skrymir seinen Sack und verschwand im Walde. Und nirgends wird berichtet, dass die Asen ihm ein Glückauf nachriefen.

Thor und seine Gefährten schritten weiter in die angewiesene Richtung. Gegen Mittag standen sie vor einer Burgmauer. Die war so hoch, dass sie sich fast das Genick verrenkten, als sie zu den Zinnen hinaufschauten. Der Eingang war mit großen Latten verriegelt. Thor rüttelte, vermochte aber nicht zu öffnen. Da gab's keine Wahl, wollten sie hinein, mussten sie zwischen den Latten hindurchschlüpfen. Doch schien es ihnen nicht sehr würdig, auf diese Weise einzusteigen.

In die Halle gekommen, sahen sie zu beiden Seiten auf den Bänken riesige Kerle sitzen. Das waren die Mannen Utgard-Lokis, er selbst thronte auf dem Hochsitz. Eine ganze Weile schien er die Eintretenden nicht zu beachten. Endlich aber grüßte er sie und sagte: «Lange dauert's, bis Kunde aus der Fremde anlangt. Kaum irre ich mich, wenn ich vermute: der Asen-Thor steht heute in unserer Halle. Zwar bist du viel kleiner, als mir berichtet ward. Doch mag sein, dass du mehr taugst, als mir scheinen will. Denn bei uns ist keiner willkommen, der nicht in irgendeinem Wettstreit sich behaupten kann.»

Da sagte einer von den dreien, es war Loki, der zuhinterst stand: «Ich traue mir die Kunst zu, schneller als alle anderen zu essen, und in der Sache messe ich mich gern, mit wem es auch sei.» Utgard-Loki sagte: «Das ist keine schlechte Kunst. Wir wollen gleich sehen, ob du darin Meister bleibst.» Er rief einen hervor, der hinten auf der Bank saß. Den nannte er Lohe. Ein Trog voll Fleisch wurde hereingetragen. Loki sollte am einen Ende, Lohe am anderen anfangen. Beide aßen so schnell wie sie nur konnten und stießen in der Mitte zusammen. Loki hatte alles Fleisch verzehrt, Lohe aber zugleich auch die Knochen und den Trog. Da riefen die Umhersitzenden, dass Lohe gesiegt habe.

Zeigte nun Utgard-Loki auf Tjalfi und fragte: «Auf was versteht sich dieser junge Kerl?» – Tjalfi sagte, er sei bereit, mit jedem um die Wette zu laufen. Utgard-Loki lobte das als eine gute Kunst. Alle standen auf und gingen hinaus aufs Feld. Dort rief Utgard-Loki einen kleinen Knaben namens Sinn herbei. Im ersten Lauf kam Sinn so schnell zum Ziel, dass er sich umdrehen konnte und Tjalfi wieder entgegenlief. Utgard-Loki gab zu, es sei bis jetzt niemand so dicht hinter Sinn her gewesen. Beim zweiten Lauf blieb Tjalfi einen Pfeilschuss hinter Sinn zurück, und beim letzten hatte Tjalfi kaum die halbe Strecke zurückgelegt, als Sinn am Ziele war. Damit schloss dieser Wettstreit.

Jetzt wandte sich Utgard-Loki zu Thor. «Dein Ruhm ist weit bis in unser Reich gedrungen, du wirst uns gewiss in Staunen versetzen», sagte er.

Thor antwortete, er möchte mit jemandem um die Wette trinken. Das gefiel Utgard-Loki sehr; er ließ ein Horn holen, aus welchem seine Mannen Strafschlucke trinken mussten, wenn sie etwas verfehlt hatten. «Starke Zecher leeren es in einem Zuge, andere brauchen dazu zwei, niemand aber ist so kleinlich, dass er es nicht in drei Zügen austrinkt», sagte er. Thor nahm das Horn in die Hand. Sein Umfang schien ihm nicht erschreckend groß, die Spitze war aber ziemlich lang gebogen. Doch hatte er starken Durst und dachte, er werde schon das Horn in einem Zuge leeren. Der Ase setzte an und trank lange. Als er aber endlich Atem holen wollte, sah er, dass der Trank nur um ein Winziges gesunken war.

«Kaum hätte ich's geglaubt», sagte Utgard-Loki, «wenn mir's jemand im Voraus gesagt hätte, dass Asen-Thor so mäßig zu sich nehmen würde.» Thor schwieg und setzte das Horn zum zweiten Mal an den Mund. Er trinkt, so viel er nur kann, bis er Atem holen muss. Jetzt merkt er, dass die Spitze des Hornes sich nicht heben will. Und es dünkt ihm, der Trank habe diesmal eher weniger abgenommen als beim ersten Versuch. Zum dritten Mal setzt Thor an und ist jetzt zornig. Doch wie er auch trinkt, im Horne will es nicht sinken. Da reicht er Utgard-Loki das verwünschte Horn zurück. «Nicht glaube ich», sprach er, «dass man daheim in Asgard sagen würde, dies sei kleinlich getrunken.»

Utgard-Loki sagte: «Die Buben hier im Hofe machen sich manchmal einen Spaß damit, eine Katze, die da herumläuft, hochzuheben. Wir achten nicht viel darauf, und nie hätte ich's erwähnt, wäre Thor gewesen, was wir bis heute glaubten.» Schon lief die Katze herein, grau und ziemlich groß. Thor ging hin zu ihr, fasste sie unter dem Bauch und begann zu heben. Die Katze aber gab nach, und je mehr Thor hob, um so mehr krümmte sie den Buckel. Zuletzt konnte der Ase nicht höher. Dann stand die Katze auf drei Füßen, der vierte hatte sich vom Boden gelöst und hing in der Luft.

Sagte nun Utgard-Loki: «Mit dieser Probe ging es wie ich mir dachte: die Katze war ihm zu groß. Thor ist ein Knirps gegen die Kerle, die bei uns zu Hause sind.»

Nun begann dem Asen der Zorn zu schwellen. «Komme, wen es da gelüstet, mit mir zu ringen!», rief er. «So klein ihr mich wähnt, ich weiche vor niemandem zurück.»

Utgard-Loki schielte die Bänke entlang. «Ich sehe hier keinen, dem ich zumuten möchte, mit dir zu ringen. Dort kommt aber ein altes Weib herein, meine Stiefmutter Elli. Versuch's mit ihr. Sie hat schon manchen Helden umgeworfen.»

Im Nu war Elli, ein steinaltes Weib, über Thor her und packte ihn um die Schultern. Thor hielt stand, aber er merkte, wie ihm alle Kraft aus den Gliedern zu schwinden begann. Eine Weile schien der Ausgang ungewiss. Dann aber fing die Alte an, Kniffe zu gebrauchen, und Thor musste auf sein Knie hinunter. Schnell stand Utgard-Loki auf und bat

die Kämpfenden, aufzuhören. «Thor braucht sich nicht mit sonst jemandem hier zu messen», sagte er, «denn dazu reicht seine Macht nicht aus.»

Da war aber von den riesigen Mannen im Saale nicht einer, der gelacht hat.

Inzwischen war es Abend geworden. Die drei Gefährten wurden zu Tisch geladen und aufs Beste bewirtet. Sie blieben über Nacht in der Burg. Am nächsten Morgen standen alle drei früh auf und kleideten sich an. Sie gedachten, ohne viel Worte zu scheiden. Auf einmal trat Utgard-Loki zu ihnen herein, ließ einen Tisch für sie aufstellen, und da hat es an nichts gefehlt: schmackhaftes Essen, guten Trank und gewundene Reden. Als sie gegessen hatten, begleitete Utgard-Loki sie bis außerhalb der Burgmauer. Beim Abschied fragte er Thor, ob er mit seinem Aufenthalt zufrieden sei, und ob sie je einem mächtigeren Herrscher begegnet wären.

Thor antwortete, dass er alles andere als zufrieden sei. «Mit Schande und Scham scheiden wir», sagte er, «denn ich weiß, dass ihr mich für einen Schwächling haltet, und das grämt mich sehr.» Da antwortete Utgard-Loki: «Jetzt, wo wir außerhalb meiner Burg sind, traue ich mich, die Wahrheit zu sagen. Und solange ich bei meiner Macht bin, sollst du nie wieder mein Reich betreten. Auch diesmal hätte ich dich nicht hereingelassen, wenn ich im Voraus gewusst hätte, wie gewaltig deine Kraft ist. Beinah hättest du das größte Unglück über uns gebracht. Doch wusste ich mich mit Täuschungen zu wehren. Jener Skrymir, dem ihr im Walde begegnet seid, war kein anderer als ich selbst. Den Sack hatte ich mit einem Zauberknoten zugebunden, so dass du ihn nicht lösen konntest. Als du mich mit dem Hammer schlagen wolltest, schob ich jedes Mal schnell einen Berg dazwischen. Dort siehst du jetzt drei Täler, das eine tiefer als das andere, das sind die Spuren deines Hammers. Die Wettkämpfe in der Burg habt ihr immer nur verloren, weil ihr nicht erkanntet, mit wem ihr anbinden musstet. Jener Lohe, gegen den Loki kämpfte, war das lohende Wildfeuer, das alles verzehrt. Sinn, der Knabe, mit dem Tjalfi um die Wette lief, war mein eigenes Sinnen oder Denken. Und wer sollte wohl schneller als der Gedanke zum Ziele kommen? Als du vom Horne trankst, hat es wenig abgenommen – kein Wunder, denn die Spitze reichte hinab ins Weltmeer. Immerhin, wenn du am Strande stehst, wirst du ein Wunder finden, das durch deinen Schluck entstanden ist. Das ist die Ebbe, die zum Andenken fortan bestehen wird. Wie du die Katze hochzustemmen begannst, erschraken wir alle. Denn jene Katze war niemand anderes als die Migardschlange, die sich um den Erdkreis windet. Wenig hat gefehlt, und der Wurm wäre ganz von der Erde losgerückt. – Am meisten erschraken wir aber, als du mit der alten Elli rangst. Denn jenes Weib ist das Alter selbst, das doch letzten Endes jeden, auch den Stärksten, umwirft. Du aber bist nur auf das eine Knie gefallen.»

Während Utgard-Loki dies alles erzählte, waren sie zu einer Wegscheide gekommen. Da sagte er: «Nun trennen sich unsere Wege. Und nicht möchte ich verhehlen, dass es in Zukunft für uns beide am besten ist, wenn wir uns nie mehr treffen. Ich wenigstens werde mich auf alle Fälle durch meine Blendwerke zu wehren wissen.»

Kaum hatte er ausgesprochen, da hob Thor seinen Hammer. Doch schon war Utgard-Loki verschwunden wie auch seine Burg. Wohin auch die drei Gefährten um sich blickten, öd und leer lagen Land und Küste.

Thors Kampf mit Rungnir

Einst, als Thor auf Ostfahrt war, ritt Odin auf seinem achtfüßigen Sleipnir aus. Wie er da durch Wind und Gewölk zog, hat mancher Wicht hinaufgeguckt. So auch der gewaltige Riese Rungnir, der ihn von Jotunheim aus sah. «Wer ist denn der Mann da oben im goldenen Helm, von Raben umkreist?», rief er. «Ein gutes Ross scheint er zu haben!» «Ja», rief ihm Odin aus der Luft zu, «gegen dieses kommen die Gäule Jotunheims nicht auf!»

Das wollte nun Rungnir sich nicht gefallen lassen. Er selber besaß ein Ross Goldmähne. Dieses laufe noch schneller als das Götterpferd, meinte er. Das sei er sofort bereit, durch ein Wettrennen zu beweisen.

Darauf ging Odin ein. Er verpfändete sogar seinen Kopf auf den Sieg Sleipnirs. Zornig warf sich Rungnir auf Goldmähne und sprengte Odin nach. Dieser aber spornte Sleipnir und hielt sich immer um ein Stück voraus.

Wie nun die beiden durch die Lüfte jagten, versah sich Rungnir nicht, bis er durch die Asgardpforte hineinstürmte. Da war friedheiliger Grund, und die Asen traten ihm entgegen und luden ihn zum Trinken ein. Rungnir hat die Einladung nicht abgeschlagen. Nun boten ihm Freya und Idun Bier aus den Krügen, die sonst Thor gereicht wurden. Doch Rungnir leerte sie alle mühelos.

Allmählich wurde er trunken und begann zu prahlen: Er wolle Walhall über den Haufen schmeißen, allen Göttern den Schädel einschlagen und Freya, Idun und Siv nach Jotunheim mitschleppen. Doch erst wolle er den Asen ihr ganzes Bier wegsaufen.

Endlich verdross die Asen dieses Geschwätz; sie riefen Thor herbei, denn er war eben von seiner Ostfahrt heimgekehrt. Als Thor den Riesen inmitten der Götterburg erblickte, hob er den Hammer und fragte voll Zorn: «Wer ließ dich ein, du wüster Säufer, dass du dich unter Asen breit machst und dich von Göttinnen bewirten lässt?»

Rungnir schielte Thor böse an. «Ich glaubte hier, der Götter Gastrecht zu genießen», sagte er. «Odin selbst lud mich ein.» «Die Einladung soll dir noch leid werden!», rief Thor.

«Armseligen Ruhm wird Thor sich holen, so er einen Waffenlosen auf friedheiligem Grunde schlägt. Wenn dir das Herz im Busen nicht stockt, dann begegne mir am Markstein unserer Reiche. Dort auf dem Felshof wollen wir miteinander kämpfen. Nur schade, dass ich Schild und Keule daheim vergaß. Hätte ich sie da, du solltest wahrlich nicht lange auf mich warten!»

Dergleichen unverfrorene Rede war bis jetzt noch nie zu des Blitzeschleuderers Ohren gedrungen. Die Herausforderung zum Zweikampf hat ihn aber keineswegs eingeschüchtert. Sie einigten sich auf Ort und Zeit. Auch sagten sie einander zu, dass jeder einen Gefährten in den Kampf mitnehmen dürfe.

Rungnir ritt nach Jotunheim zurück und wurde dort wegen seiner Kühnheit weit und breit gerühmt: keiner der Joten käme ihm, dem Gewaltigen, gleich!

Als nun die Zeit herannahte, wo die beiden sich stellen sollten, sahen die Riesen dem Ausgang doch mit einiger Sorge entgegen. Wenn Rungnir unterlag, konnten sie sich für später nichts Gutes erhoffen. Deshalb ersannen sie eine List. Sie bildeten einen Mann aus Lehm, neun Meilen hoch und drei Meilen breit. Diesen stellten sie auf Felshof neben Rungnir auf. Aber sie fanden kein Herz, das dem Lehmriesen groß genug wäre, bis sie ihm das Herz einer Stute in die Brust setzten. Durch allerlei Zauber suchten sie ihn zu beleben. Das Herz aber wollte nicht am rechten Orte bleiben, sondern fuhr dem Riesen im Leibe herum wie eine Maus im Stroh.

Auch das Herz Rungnirs hat viel von sich reden lassen, denn es war steinern, zackig und dreieckig. Dazu hatte er einen Kopf aus härtestem Stein und einen Felsblock als Schild. In der Hand hielt er einen gewaltigen Wetzstein. Mit diesem wollte er Thor töten.

Da standen sie nun nebeneinander und warteten auf Thor. Thor hatte Tjalfi als Waffengenosse mitgenommen. Als die beiden nahten, überfiel den Lehmriesen eine solche Angst, dass er zu wackeln begann, und es wird ihm nachgesagt, dass er sich die Hosen bewässerte.

Tjalfi lief dem Gott um einige Schritte voran und rief Rungnir zu: «Vorsicht, Riese, wisse, dass Jords Sohn von unten kommt. Wirf den Schild auf die Erde und stelle dich darauf.» – Dem glaubte Rungnir, weil Jord die Erde ist, zugleich aber auch die Mutter Thors. Er stellte sich auf den Fels, der ihm als Schild diente und schwang den Wetzstein. Da zuckten auf einmal Blitze und aus des Donnergottes Hand flog der Hammer. Auch Rungnir säumte nicht, sondern warf den Wetzstein. Hammer und Stein trafen sich in der Luft. Jener ging hindurch und zerschmetterte Rungnirs Schädel, während dieser in tausend Splitter und Stücke zersprang, so dass ein Regen von kleinen Wetzsteinen über die Erde ging. Alle späteren Wetzsteine stammen eben von diesem großen.

Ein Splitter flog aber Thor in die Stirn und blieb sitzen. Der Schlag war so stark, dass Thor vorwärts fiel. Und wie nun auch Rungnir stürzte, kam der eine Fuß des Riesen über den Hals des Hammergottes zu liegen.

Inzwischen hatte Tjalfi den Lehmriesen besiegt. Der fiel mit wenig Ruhm und bekam von der Nachwelt den Namen Mistkalb.

Tjalfi ging zu Thor hin, vermochte aber nicht den Fuß Rungnirs wegzuheben. Da ließ Thor seinen Sohn Magne rufen. Dieser war erst drei Nächte alt, aber schon so stark, dass er den Fuß des gewaltigen Riesen ohne Mühe beiseite schleuderte. «Schade», rief er, «dass mein Vater mich nicht zuvor herbeirief. Fast glaube ich, ich hätte mit bloßer Faust Rungnir den Garaus gemacht.»

Thor stand auf, lobte seinen Sohn und sagte, dass mit der Zeit ein tüchtiger Kerl aus ihm werden könne. Er schenkte ihm Goldmähne, Rungnirs Ross. Das gefiel zwar Odin nicht. Gar zu gern hätte er Goldmähne selber gehabt und warf Thor vor, dass er dem Sohne eines Riesenweibes – denn das war Magne – ein so schönes Pferd schenke.

Nun wurde nach einer Wala gesandt. Die sollte mit ihren Zaubergesängen den Wetzstein aus Thors Stirn lösen. Als sich aber der Splitter zu rühren begann, übereilte sich Thor. Er wollte der Wala eine Freude machen und fing zu erzählen an, wie er ihren Gatten einmal aus Jotunheim gerettet habe und was sich Abenteuerliches bei der Gelegenheit zutrug. Die Wala geriet in solches Staunen, dass sie ihre Zauberlieder vergaß. Und so blieb Thor der Splitter in der Stirn sitzen.

Es heißt seither, dass man mit Wetzsteinen sorgfältig umgehen soll. Denn so jemand einen Wetzstein unachtsam hinschmeißt, rührt sich der Splitter in Thors Stirn. Und das macht ihm immer großen Schmerz.

Heimdall stiftet die Stände

Jederzeit war das Gedeihen des Menschengeschlechtes vor allem die Sorge der Götter. Denn die Menschen waren von jeher bedroht, weil alle Mächte und Wesen sich um das Vorrecht stritten, sie für sich zu gewinnen. Aus diesem Streit wollte fortwährend Verwirrung entstehen. So mussten die Götter immer wieder eine Ordnung neu begründen.

Einst kam Heimdall übers Meer. Dem grünen Pfade am Strande entlang folgte er. Da traf er auf eine Hütte. Offen stand die Tür, der Gott trat ein. Auf dem Estrich von hart gestampftem Lehm flackerte ein Feuerlein. Daneben auf einer Bank hockte ein Paar ergrauter Eheleute. Arm war die Wohnung, abgetragen ihre Kleider. Ai und Edda – Urahn und Urahnin – waren ihre Namen.

Rig – so nannte sich der Gast – grüßte sie und setzt sich zwischen sie auf die Bank. Gute Ratschläge konnte er ihnen geben. Edda nahm einen Brotlaib aus der Asche, schwarz und schwer von Kleie; dazu eine Schüssel Fleischbrühe. Sie brachen miteinander das Brot und aßen zusammen.

Drei Nächte blieb Rig im Haus, lehrte die Leute allerlei Arbeit und manche Kunst. Dann schied er und wanderte weiter den Pfad.

Als zum neunten Mal der Mond sich erneute, gebar Edda einen Sohn. Nach alter Sitte wurde er mit Wasser übergossen. Dunkel war seine Haut, er bekam den Namen Thräl. Thräl wuchs heran zu derben Kräften. Schon bald bekamen seine Hände Schwielen, die Finger wurden dick, der Rücken gebogen, die Knie krumm. Seine Fersen waren weit nach hinten gezogen. Früh und spät musste er sich regen und fleißig arbeiten, schleppte Brennholz herbei aus dem Wald und trug schwere Bürden.

Eines Tages kam eine Magd ins Haus. Schlecht war sie angezogen, kaum hatte sie Schuhe an den Füßen. Braun gebrannt von der Sonne waren ihre Arme, sattelförmig die Nase. Sie nannte sich Thyra. Die setzte sich breit auf die Bank, und neben ihr saß Thräl, der Sohn des Hauses. Da tauschten sie manches Wort miteinander und vergaßen darüber ihre mühevollen Tage. Abends betteten sie sich nebeneinander.

So hielten sie Haus und teilten ihre Habe. Kinder zeugten sie, Knechte und Mägde in großer Zahl. Namen erhielten sie, jedes nach seiner Art: Lurch, Wüst und Lauffaul, Träg, Heißer und Hirt, Schief, Schieber, Ochs und Ausgeburt. Die Mägde hießen Breitschenkel, Dickwade, Wippnas und Maulauf, Kranichbein, Gacker, Ganz und Schwanz. Alle Zeit waren sie hörig und dienten in Hof und Haus: misteten den Acker, mästeten Schweine, hüteten Geißen, schwangen die Sense, gruben Torf.

Rig auf geradem Weg kam zu einem Hof. Die Tür war geschlossen, doch nicht verriegelt. Der Gott trat ein. Auch hier fand er das Feuer auf der Tenne. Daneben saßen bei ihrer Arbeit die Eheleute. Der Mann schnitzte an einer Stange für den Webstuhl. Sein Bart war geschoren, seine Haare gekämmt. Der Kittel saß ihm knapp um den Leib. Der Kasten mit Geräten stand neben ihm auf dem Boden.

Die Frau war mit Spinnen beschäftigt und ließ den wollenen Faden über die Finger laufen. Auf dem Kopf trug sie eine Haube, um den Hals und die Schultern lag ein Tuch, das von einer Spange zusammengehalten wurde.

So hielten miteinander Haus Afi und Amma, – Großvater und Großmutter.

Wie der Gast zu ihnen trat, ließen sie die Arbeit ruhen. Der Mann lud ihn zum Essen ein, und die Frau holte aus dem Speicher eine gute Mahlzeit. Rig setzte sich zwischen sie auf die Bank. Gute Ratschläge gab er ihnen und lehrte auch diesen Leuten manche nützliche Kunst. Drei Nächte blieb er bei ihnen, dann wanderte er weiter.

Und wiederum, als der Mond sich zum neunten Male erneute, gebar die Frau einen Sohn. Er wurde mit geweihtem Wasser übergossen und bekam den Namen Karl. Die Wangen des Kindes waren rot und frisch, seine Augen blinzelten munter. Die Mutter wickelte es in sauberes Linnen.

Karl wuchs heran zu rüstigen Kräften. Er zähmte Stiere und führte den Pflug, zimmerte Häuser und Scheunen, verfertigte Wagen und

Schlitten, erntete auf seinen Feldern, was er selber gesät, und furchte mit dem Kiel das Meer.

Zur Braut wurde ihm ein Mädchen ins Haus geführt, sittsam und gut. Es kam auf einem Schlitten gefahren, schön geschmückt in Ziegenpelz und mit den Schlüsseln am Gurt. Karl und Snor – so hieß sie – hielten Haus und wohnten zusammen. Viele Kinder zeugten sie, die zu kräftigen Burschen und hübschen Frauen aufgezogen wurden. Auch sie erhielten Namen nach ihrer Art. Und so stammt von Karl und Snor das Bauerngeschlecht.

Weiter wandernd auf grünem Pfade kam Rig zu einem Saal mit verschlossener Tür. Ein teurer Ring hing als Klopfer daran. Rig trat ein. Der Boden war mit frischem Stroh bestreut.

Da saßen Mann und Frau, blickten einander liebreich in die Augen, – Vater und Mutter. Der Mann wand Sehnen für seinen Bogen und wetzte Pfeile, die Frau ließ ihre Finger über das wallende Gewand gleiten, glättete die Falten am Ärmel und beschaute sich die eigenen Hände. Ein goldenes Geschmeide schmückte die Brust, heller als Schnee war der Hals, ihr blaues Gewand hatte eine lange Schleppe.

Rig setzte sich zwischen sie und begann alsdann, auch diesen beiden gute Ratschläge zu geben. Die Frau holte ein gemustertes Tuch herbei und breitete es über den Tisch. Sie ließ feines Weizenbrot bringen, brach's und reichte es dem Gast. Gespicktes Wildbret und gebratene Vögel wurden in silbernen Schüsseln aufgetragen, köstlicher Wein in glänzenden Kannen. So saßen sie trinkend und traulich plaudernd bis der Tag sich neigte.

Drei Nächte blieb Rig unter ihrem Dach. Dann schied er und wanderte weiter seinen Gottesweg. Und auch diesmal, als der Mond sich zum neunten Male erneuerte, gebar die Mutter einen Knaben. Die Mutter wickelte ihn in Seide, und als er mit geheiligtem Wasser übergossen wurde, erhielt er den Namen Jarl.

Die Haare des Jungen waren hellblond, scharf und klug wie bei einer Kreuzotter blitzten die Augen des Kleinen. Jarl wuchs heran, wurde geschmeidig und stark. Er lernte das Schwert schwingen, die Lanze führen und die Spieße werfen. Er ritt die Hengste, wusste die Hunde zu hetzen und durchschwamm den Fjord.

Einst als er im Walde jagte, trat aus dem Dickicht Rig und ward sein Freund und Gefährte. Er lehrte ihn die geheimen Runen, nannte ihn Sohn und hieß ihn Gebieter des Landes werden.

Da schüttelte Jarl seinen Schild, spornte den Hengst und ritt über neblige Gebirge. In der Nacht erreichte er eine Burg. Dort wurde das Feld vom Blute gefärbt und mit gefallenen Feinden besät. Jarls Lohn war das Land. Als Alleingebieter über achtzehn Burgen schickte er Boten zu Erna, der Fürstentochter; der Schönen und Klugen, sie zu freien. Herrlich ward ihre Hochzeit, von Herzen liebten sich Jarl und Erna. Sie wurden Ahnen eines mächtigen Geschlechts. Zum Herrschen waren ihre Kinder und Kindeskinder geboren und saßen auf den Burgen des Landes. Vieles verstanden sie und manches wussten sie, was anderen verborgen blieb: feindliche Schwerter zu stumpfen, Meereswogen zu sänftigen, Feuer zu löschen. Nicht unverständlich blieb ihnen die Vogelsprache.

In allen Gefahren stand ihnen der Gott bei, der sie zu seinen Kindern erkor. Als Heimdalls Kinder durften sich aber alle drei Stände wissen. Deshalb beginnt die Wala ihr großes Lied mit der Strophe:

Höret mich alle
Heilige Sippen,
Große und kleine
Kinder des Heimdall …

Baldurs Tod

Ohne Sorge verlief das Leben der Götter nie. Stets waren sie von Wirrsal bedroht. Täglich und stündlich mussten sie sich gegen Widersacher behaupten.

Solange aber der lichte Baldur unter ihnen weilte, konnten die bösen Mächte nicht voll zur Geltung kommen. Baldur waltete über des Menschen Traum. Nacht für Nacht zeigte er dem Menschen die Größe und Weite des Götterwirkens. Darum hieß seine Burg Breidablick, denn von dort aus schaute die Seele weit und breit in die Götterwelt hinein. Und solange jene Träume nicht verfinstert waren, konnte sich das Götterleben dem Menschensinn offenbaren.

Doch es sollte anders kommen. Traumlos, immer dunkler wurde des Menschen Schlaf. Eben diese Verfinsterung war es, welche in der Edda als die «Unheil verkündenden Träume» Baldurs bezeichnet wird. Denn seine Träume sind nicht von denen des Menschen zu trennen.

Schrecken ergriff die Götter, als sie davon erfuhren. An Urds Brunnen versammelten sie sich, unter der heiligen Esche – Götter und Göttinnen. Nicht schwer ward es ihnen, die Dunkelheit zu deuten, die sich über den früher so lichtvollen Baldurtraum gesenkt hatte. Todverheißend war diese Finsternis.

Da entschloss sich Odin, nach Helheim zu reiten, denn dort wusste er das Grab der ältesten aller Wahrsagerinnen. Er sattelte Sleipnir, sein Ross, und ritt am Tore Hels vorbei, wo der blutige Höllenhund ihn lange anbellte. Ostwärts ritt er, hin zum Grabe. Dort stieg er ab und begann mächtige, weckende Zauberlieder zu singen. Lange musste er singen. Nur notgedrungen wachte die längst Entschlafene auf, erhob sich mit Mühe und sprach:

Wer bist du, Mann,
mir nicht bekannt,
der den mühsamen Weg
zu wandern mich rief?
Vom Schnee war beschneit ich,
vom Regen geschlagen,
vom Tau überträuft
Tot war ich lange.

Odin antwortete und gab sich den Namen Wegtam – «der des Weges Gewohnte». Dann hob er zu fragen an: «Wem sind die Bänke bei Hel mit glänzendem Gold geschmückt, wem der Sitz mit Ringen bestreut?»

Die Wala sprach: «Hier ist die Halle für Baldur geschmückt. Schon steht der Becher mit schäumendem Mete bereit. Ein Schild liegt darüber. Der Asen Verwandtschaft bei Hel ist voller Erwartung. Gezwungen ich sprach. Nun will ich schweigen.»

Doch Odin ließ im Fragen nicht nach: «Schweig nicht, Wala, sprechen du sollst, bis alles ich weiß. Sage mir, wer wird Baldur den Tod bereiten? Wer wird tragen die Schuld, dass er von Göttern muss scheiden?»

«Hödur wird des Hohen Sohn nach Helheim verweisen, er wird des Schmerzes Ursache sein. Gezwungen ich sprach. Nun will ich schweigen.»

Doch Odin frug weiter. Er wollte wissen, wer Baldur rächen sollte, und zuletzt noch dies: «Wer von Weibern wird weinen nicht wollen? Wer wird frohlockend das Halstuch himmelwärts werfen?»

Wer dieses Weib war, sollte sich nur allzu bald zeigen. Doch an dieser Frage erkannte die Wala, wen sie vor sich hatte. «Nicht Wegtam bist du, sondern Odin, der uralte Gott», sprach sie, – und löste sich damit von seinem Zauber.

«Auch du bist die Wala nicht, die Wahrsagerin nur, du bist die Mutter dreier Thursen!», rief Odin der schon Entschwindenden nach.

Als Odin wieder nach Asgard kam, war Frigg, Baldurs Mutter, in die Welt hinausgegangen, um von allen Wesen, allen Dingen, den Eid zu nehmen, dass sie ihrem Sohne keinen Schaden antun möchten. Eine weite Wanderung, – doch jedes Wesen, jedes Ding schwur ihr den Eid zu: Feuer und Wasser, Eisen und Erz, Steine und Erde, Kräuter und Bäume, Tiere, Vögel, Gift und Seuchen.

Es freuten sich die Götter und machten, um Baldur zu ehren, ein großes Fest. Da stand er inmitten seiner Brüder. Sie ehrten ihn in der Weise, dass sie Pfeile nach ihm schossen, Steine warfen oder ihre Schwerter gegen ihn führten. Ein Wunder schien es ihnen, denn nichts konnte Baldur schaden.

Nur einer sah voll Neid dem Spiele zu. Das war Loki. Ihm war immer das Glück der Götter ein Stachel im Fleisch. Er nahm die Gestalt eines alten Weibes an und ging zu Frigga.

«Wie fröhlich», begann das tückische Weib, «erklingt vom Idafeld her der Asen Spiel! Und nichts kann Baldur verletzen?» «Ihn verletzt kein Ding auf der Welt», sagte Frigga, «denn niemand verweigerte mir den Eid.»

«Bist du dir aber gewiss, dass auch alle gefragt sind?»

Da gestand Frigga, dass sie westwärts von Walhall einer Pflanze begegnet sei, die ihr zu jung schien, um den schweren Eid zu leisten: die Mistel.

Nun hatte das Weib heraus, was es wissen wollte. Und nicht säumte Loki, die Mistel aufzufinden, um daraus einen Pfeil zu schneiden. Mit diesem Pfeil schlich er zum Spielplatz der Götter. Hödur stand da etwas abseits von der fröhlichen Schar. Ihm, dem blinden Bruder Baldurs, nahte sich Loki. «Warum ehrest du nicht, den anderen gleich, deinen Bruder?» «Weil ich ihn nicht sehe», antwortete Hödur.

Da erbot sich Loki, für ihn zu zielen, damit auch Hödur Baldur ehren könne.

«Hier, nimm den Pfeil und leg ihn zur Sehne», sagte er. «Mein Auge diene deiner Hand!»

Da nahm Hödur den Pfeil aus Lokis Hand und schoss.

Und so geschah jenes größte Unglück, welches je geschehen ist. Denn der Pfeil durchbohrte Baldur. Tot fiel der lichte Gott zur Erde.

Als Baldur gefallen war, vermochte keiner der Asen zu sprechen. Statt sich des Leichnams anzunehmen, ließen sie die Arme hängen. Sie schauten auf den unglücklichen Täter. Doch rächen konnten sie sich an ihm nicht, denn der Grund, auf dem sie standen, war friedheilig. Und als sie zu sprechen versuchten, brachen sie alle in lautes Weinen aus.

Doch keinem ging das Unglück so nahe wie Odin. Er sah wie kein anderer voraus, was dieser Verlust Göttern und Menschen bringen musste.

Endlich, als die Asen sich ein wenig gefasst hatten, ergriff Frigga das Wort. «Fragen will ich», sagte sie, «wer von meinen Söhnen gesinnt ist, meine ganze Huld und Liebe zu gewinnen? Wer danach trachtet, der reite hinab zu Hel und biete ihr für Baldur Lösegeld an.»

Der kühne Hermod erbot sich, und Odin lieh ihm Sleipnir. Hermod bestieg das Götterpferd und begab sich auf den Weg.

Die Asen trugen den Leichnam des gefallenen Gottes zum Meere. Dort stand auf dem Strande aufgestützt sein Schiff Ringhorn, ein großes und gutes. Auf diesem Schiff wurde die Leiche aufgebahrt. Auch wurde viel Holz aufgeschichtet, denn die Götter wollten Baldur eine Feuerfahrt bereiten. Wie aber nun alles hergerichtet war und das Schiff ins Wasser geschoben werden sollte, da versagte allen Göttern die Kraft. Sie mussten nach einem alten Weibe in Jotunheim schicken, namens Hyrrokin. Hyrrokin kam auf einem wilden Wolf geritten, den sie mit Kreuzottern zügelte. So unbändig war das Untier, dass vier Berserker es halten mussten, während Hyrrokin das Schiff in die Flut stieß. Das tat sie mit solcher Kraft, dass Feuer und Funken von den Rollen stoben.

Als des Gefallenen Gattin Nana das sah, zersprang ihr das Herz vor Leid. So wurde auch sie neben Baldur aufgebahrt, danach das Schiff mit Gold und Kleinodien geschmückt und in Brand gesteckt. Odin opferte den Ring Draupnir, Thor weihte die Flammen mit seinem Hammer Mjöllnir.

Von der Helfahrt Hermods ist zu sagen, dass er neun Nächte durch tiefe Täler und dunkle Schluchten ritt. Er sah nichts, bis er an das Ufer des Flusses Gjall kam. Über diesen Fluss führt eine Brücke, die allüberall mit Gold beschlagen ist. Dort aber, an der Brücke, sitzt eine Wächterin. Als sie Hermod erblickte, frug sie nach seinem Namen und seiner Herkunft. «Nicht haben deine Wangen eines Toten Farbe. Hier ritten in der vergangenen Nacht fünf Heere Gestorbener hinüber. Stärker erdröhnt die Brücke von dir allein als von ihnen allen.» Danach wies sie Hermod den weiteren Weg: «So du Hels Haus willst finden, reite nordwärts nach unten.»

Um Helheim lief ein hoher Zaun. Schwer verriegelt war die Pforte. Da stieg Hermod vom Pferd und schnallte den Sattelgurt fester.

Schwang sich dann in den Sattel, spornte Sleipnir, dass er weit über das Gatter sprang.

In die Halle getreten, sah Hermod seinen Bruder Baldur auf dem Hochsitz thronen. Bleich und trauervoll war sein Gesicht. Hermod weilte eine Nacht in Hels Haus. Dann bot er ihr für Baldur das Lösegeld der Götter an. Auch erzählte er, wie tief die Trauer um Baldur sei. Hel antwortete, dass sie Beweise sehen wolle für die große Liebe, die man immer Baldur zugestanden. «Wenn alle Dinge auf der Welt, lebende wie tote, Baldur beweinen, dann mag er nach Asgard zurückkehren. Doch so jemand trockenen Auges verharrt, soll Baldur fortan in Helheim hausen.» Mit diesem Bescheid musste Hermod die Halle verlassen. Baldur begleitete ihn bis zur Schwelle und gab ihm den Ring Draupnir, damit er ihn Odin zurückbringe.

Nach Asgard gekommen, erzählte Hermod den Göttern, was er auf seiner Helfahrt erfahren hat. Da schickten die Asen Boten in die Welt hinaus mit der Bitte, dass alle Dinge und Wesen durch ihre Tränen helfen möchten, Baldur aus Hel freizukaufen.

Und alle weinten ihre Tränen: Menschen, Tiere, Bäume, Gras, Steine und Erz; da tropft der Tau, da quillt das Harz, da werden die Steine feucht, wenn sie von der Kälte in die Wärme kommen. Als die Boten auf dem Heimweg waren mit der guten Nachricht, dass alle Dinge ihre Tränen vergossen hätten, gewahrten sie in einer Höhle ein altes Weib. Sie gab sich den Namen Thöckr.

Auch Thöckr wurde jetzt gebeten, für Baldur zu weinen. Doch Thöckr antwortete:

Trockene Tränen
Thöckr tut weinen
bei Baldurs Bahre.
Lebend oder tot –
war nie mir gewogen.
Hel behalte,
was nun sie hat.

Da saß sie nun, jene Alte, nach welcher Odin fragte, als die Wala ihm Antwort schuldig blieb.

Wer ist sie gewesen?

Wenn nicht Loki selbst, so doch von Loki beschworen.

Lokis Schmährede

Nur allzu bald sollte sich zeigen, was den Göttern durch Baldurs Tod verloren ging.

Ögir lud die Asen zu einem Trinkgelage ein. Da saßen sie nun alle beisammen, Götter und Göttinnen. Thor nicht, er hatte sich auf eine Ostfahrt begeben. Zugegen aber waren Odin und Frigga, Brage und Idun, Njörd und Skade. Weiter sind genannt Frey und Freya, Heimdall, Thors Gattin Sif, Widar,Ty und Loki. Dazu noch Alben in großer Zahl.

Fast will es scheinen, die Götter seien sich noch nicht im Klaren darüber, welchen Anteil Loki an Baldurs Tod habe.

Bei diesem Fest war jeglicher Streit untersagt. Bier und Met trugen sich von selbst auf die Tische. Gold machte ihnen Licht in der Halle. Und die beiden Diener Ögirs erhielten des Lobes viel, dass sie die Gäste so flink bedienten.

Eine Weile verlief alles gut. Loki aber wurmte es immer mehr, dass die Diener dauernd gelobt wurden. Er begann zu nörgeln. Zuletzt schlug er den einen Diener tot. Damit sie den geweihten Ort nicht entheiligten, griffen die Götter nur zu ihren Schilden und trieben damit den Frevler durch die Tür hinaus in den Wald.

Nach einiger Zeit aber kehrte Loki zurück. Doch Eintritt wurde ihm verweigert. Da fragte er den Torhüter, worüber das Gespräch ginge. «Vom Gebrauch der Waffen und von kühnen Taten», antwortete dieser. «Was reden sie denn von mir?», fragte Loki. «Von dir nur Böses», antwortete der Torhüter, «denn keiner ist dir wohlgesinnt.» – «Jede Schmach will ich ihnen heimzahlen», rief Loki und drängte sich an dem Torhüter vorbei in den Saal.

Als die Götter den Eindringling erblickten, schwiegen sie. Loki sprach: «Durstig tret ich in Ögirs Gelage. Gönnt ihr mir nicht vom süßen Met? Warum schweigt ihr, trügerische Götter? Entweder bietet mir Sitz an oder zeiget mir den Winterweg.»

Da erhob sich Brage: «Glaube mir, Loki, die Asen wissen, wer zu ihnen gehört oder nicht. Selber bist du schuld, dass dich keiner grüßt.»

Da wandte sich Loki an Odin: «Nimmer scheint Allvater des Eides zu gedenken, den er mir einst geschworen, dass nie Bier noch Met er genießen wolle, so nicht auch mir geboten wird.»

An dieses Gelöbnis erinnert, bat Odin seinen Sohn Widar, aufzustehen und Loki den Becher zu füllen. Loki nahm ihn entgegen und grüßte alle Götter und Göttinnen, nur Brage nicht. Brage aber ließ sich nichts anmerken, sondern versprach Loki prächtige Geschenke: Ross und Schwert und einen kostbaren Ring. Nur sollte er dann von jeglichem Unglimpf lassen.

Wie von einer Hornisse gestochen, flog Loki hoch: «Wo holt nur der arme Prahler sich solche Schätze? Immer wenn Asen kämpften, stand er zuhinterst. Niemand weiß ich vor Schüssen so bang wie Brage.»

Brage antwortete: «Stünden wir nicht auf friedheiligem Boden, ich hielte bald des Lügners Haupt in der Hand!»

Loki sprach: «Im Sitzen bist du aller Meister! Brage, Wandschmuck, folge mir nur hinaus. Nicht lange drückt sich beherzter Held.»

Schon griff Brage nach seinen Waffen, als Idun, seine Gattin, dazwischenfuhr: «Denke, Brage, an deine Kinder und Schützlinge! Lasse dich nicht durch eines Nichtswürdigen Schmähung zu Zornestaten reizen.»

Gleich schnauzte Loki Idun an: «Höret die Mannstolle da! Mit weißen Armen umschlang sie ihres Bruders Mörder. Das ist nun ihre Art, Streit zu schlichten!»

Nun versuchte Odin, Loki zurechtzuweisen. Doch weit davon, dass sich der einschüchtern ließ. Vielmehr begann er auch Odin schändliche Vorwürfe zu machen. «Ungerecht warst du immer und vermachtest Unwürdigen den Sieg, während die Edlen du den Wölfen zum Fraß gabst. Und einst, als deine Sache dir nicht anders gelang, nahmst du zu Hexenkünsten deine Zuflucht. Weibergeschäft nenne ich das!»

Zwar blieb ihm Odin Antwort nicht schuldig. Er erinnerte Loki daran, wie er in Urzeiten acht Winter lang unter der Erde saß und von seinen Ausgeburten sich melken ließ, – «das nenne ich Weibergeschäft!»

Und als Frigga alle ermahnte, dass sie nicht längst vergessene

Geschichten ausgraben sollten, schuldigte Loki sie des Ehebruchs an. Immer ruchloser griff er Götter und Göttinnen an, lästerte, schmähte und tischte allen ihre Schwächen oder begangenen Fehler auf. Von jedem wusste er eine Hässlichkeit zu erzählen. Ty schalt er einen Toren, weil er sich die Hand vom Wolfe hat abbeißen lassen. Heimdall verhöhnte er, weil er den Göttern als gemeiner Wächter diene. Die Asinnen, besonders Freya, verspottete er wegen ihrer Liebesabenteuer. Dazu war er frech genug, sich selber zu rühmen, dass er sie alle verführt habe.

Zuletzt, als niemand ihm die giftige Zunge binden konnte, brach Frigga in lautes Wehklagen aus, dass Baldur, ihr Sohn, gefallen war, denn ihm hätte Loki nichts anhaben können. Darum wäre auch einzig er imstande, Loki entgegenzutreten. Diesem Schmerzensruf erwiderte der Ruchlose: «Wisse Frigga, ich war es, der dir Baldur, den lieben Sohn, nach Hel beschied!»

Bei diesen Worten gerieten die Götter in Aufruhr, doch keiner wusste, was jetzt zu tun. Da erdröhnte auf einmal das Haus vom Schritte Thors. Eben war er von seiner Ostfahrt zurück und trat herein.

Doch diesmal musste auch Thor eine Schmähung erfahren, ehe er den Schlangenerzeuger zum Schweigen brachte.

Hämisch grüßte ihn Loki: «Bist wieder glücklich von einer Ostfahrt heimgekommen? Erinnerst du dich, wie du damals im Handschuh herumkrochst? In jener Nacht schienst du nicht der Blitzeschleuderer zu sein!»

Thor hob sogleich seinen Hammer und drohte Loki, dass er schleunigst verschwinden solle. Doch Loki gab sich Zeit, dem Gotte noch eine Schmähung ins Gesicht zu schleudern: «Fast bist du damals verhungert», kicherte er, «denn die Riemen, mit welchen Skrymir den Fressbeutel zugebunden hatte, vermochtest du nicht zu lösen!» Dann erhob er sich schnell in die Luft und rief den versammelten Göttern im Entfliehen zu:

Habt ihr nun alle
endlich gehört,
was Loki zu sagen
lange gelüstet.
Nimmer und nie mehr
wird Ögir bewirten
die Götter mit Bier.

Loki wird bestraft

Loki floh auf einen Berg fern von Asgard. Dort baute er sich ein Haus mit vier Türen, damit er jederzeit nach allen Himmelsrichtungen Ausschau halten könne. Tagsüber nahm er die Gestalt eines Lachses an und versteckte sich unterhalb eines Wasserfalles im Franangerfluss, denn dieser Strom lief an seinem Hause dicht vorbei. Abends saß er vor seinem Herdfeuer und sann darüber nach, was die Asen wohl erfinden könnten, um ihn aus dem Wasser zu fischen. «Wenn ich das nur wüsste», sagte er sich, «dann sollte ich ihren Anschlägen schon zuvorkommen.» Denn er hielt sich für klüger als alle die Asen.

Wie er so saß und über die Sache grübelte, begann er aus Garn ein Netz zu knüpfen – als Erster auf der Welt. Denn diese Kunst war, bis Loki sie erfand, unbekannt.

Nun aber geschah es, dass Odin von Lidskjalf, seinem hohen Sitze, über die Welt hinausblickte und Loki in seinem Haus entdeckte. Da zögerten die Asen nicht, sondern zogen aus, um ihn festzunehmen. Loki merkte nichts, bis die Asen vor seine Türe kamen. Schnell warf er das Netz ins Feuer und sprang durch die entgegengesetzte Tür in den Fluss. Wie nun die Asen hineintraten, fanden sie auf dem Herd die Asche des Netzes. Nicht gering war ihr Staunen, denn keiner von ihnen konnte sagen, was hier verbrannt sei.

«Hätten wir noch den weisen Kvasir unter uns», sprachen sie, «dann bliebe uns dies Rätsel nicht lange verborgen.» Da sprach aber auf einmal Kvasirs Weisheit durch Odins Mund und offenbarte ihnen die Rune jener Asche. Sogleich begannen die Asen selber ein Netz zu knüpfen, hatten es auch bald fertig und gingen damit zum Fluss. Unterhalb des Wasserfalls spannten sie das Netz quer über den Strom. Thor ging mit dem Seil auf dem einen Ufer, auf dem anderen gingen die übrigen Götter. So zogen sie das Netz abwärts bis zum Meer. Vor ihnen schwamm Loki, traute sich aber nicht ins offene Meer hinaus. Darum legte er sich zwischen zwei runde Steine, und das Netz glitt über ihn hinweg.

Die Götter merkten, dass ihnen ein Lebendiges zwischen den Steinen entschlüpfte. Abermals gingen sie zum Wasserfall hinauf und begannen zu ziehen. Doch jetzt befestigten sie Gewichte an die untere Netzkante, damit ihnen der Lachs da nicht durchging. Wiederum trieben sie Loki vor sich stromabwärts. Als sie aber der Mündung nahten, schnellte plötzlich der Fisch über die obere Netzkante und rettete sich auf diese Weise. Jetzt sahen die Götter, wo Loki schwamm. Sie einigten sich, dass Thor in der Mitte des Stromes waten sollte, während die anderen sich in zwei Haufen verteilten, die das Netz zogen.

Zum dritten Male trieben sie Loki vor sich her. Dieser bekam jetzt eine arge Wahl: entweder ins Meer hinaus oder einen zweiten Sprung zu wagen. Im Meere aber lauerte in Gestalt eines Seehunds sein Erzfeind Heimdall. Und so entschied er sich für den Sprung. Doch Thor fasste ihn in der Luft. Beinah wäre aber Loki seiner Faust entglitten, erst hinten am Schwanz fand er festen Griff. Und das ist der Grund, warum der Lachs nach hinten so viel schmäler ist.

Jetzt war Loki gefangen und konnte sich keine Gnade erflehen. Die Asen führten ihn unter einen vorspringenden Felsen. Dort suchten sie sich drei Steinplatten, schlugen Löcher hinein und stellten sie hochkant. Dann holten sie Lokis Söhne Wali und Narfi, die er von seinem Weibe Sigyn hatte. Wali verwandelten sie in einen Wolf, der sofort seinen Bruder zerriss. Aus dem Gedärm des Getöteten drehten sie Bande, und mit diesen Banden schnürten sie Loki über den Steinplatten fest. Die scharfen Kanten schnitten ihn ins Genick, ins Kreuz und unter die Kniekehlen.

Skade holte eine Kreuzotter und hängte sie über den Gefesselten, damit das ätzende Gift ihm ins Gesicht spritze. Aber Sigyn, Lokis Weib, stellte sich neben ihn mit einer Schale in der Hand, um die Gifttropfen aufzufangen. Doch jedes Mal, wenn die Schale voll ist, muss sie eine Weile weggehen, um das Gift auszuschütten. Dann tropft es Loki ins Gesicht. Immer, wenn das geschieht, zuckt er so gewaltig, dass die Erde davon erbebt.

Da bleibt er liegen bis zum Untergang der Götter.

Der Götter Untergang

Allmählich rückt die Zeit heran, da die Götter dem menschlichen Schauen entschwinden müssen. Ragnarök bricht herein. Auf Erden wird Finsternis walten. Denn wo Baldur einst dem Menschenauge die lichte Götterwelt zeigte, da blickt es jetzt ins Dunkle.

Auch das Kommen dieser Zeit verkündete die Wala. Durch ihren Mund erfahren es nicht nur Menschen, sondern auch Odin, der Heervater. Der Vorzeichen des herannahenden Unterganges sind viele:

Kräht über Göttern
Goldener Gockel,
Jener, der wecket
Des Walvaters Heer.
Ein anderer kräht
Unter der Erde,
Ruß-roter Hahn
Im Hause der Hel.

Ein Winter setzt ein, der drei Jahre dauert, und kein Sommer ist dazwischen. Denn die Sonne spendet keine Wärme mehr, und es schneit aus allen Enden und Ecken der Welt. Eisige Kälte herrscht, klirrender Frost und beißende Winde. Das ist der Fimbulwinter – der große Winter. Er ist die Folge des fürchterlichen Krieges, der da kommen muss, wenn die Menschen die Götter vergessen. Brüder töten einander aus Habsucht. Söhne schonen ihre Väter nicht. Töchter schmähen ihre Mütter. Den Treuen heißt man Tor, den Ehrlichen Lügner. Kein Volk, kein Land bleibt verschont:

Brüder einander
Bringen ums Leben.
Geschwister Kinder
Schänden die Sippschaft.

Hart wird die Heimat,
Kalt wird's im Haus.
Axt und Schwert
Sprechen das Richtwort.

Gespaltene Schilder –
Wolfes Zeit,
Windes Zeit,
Ehe die Welt verwüstet.

Die Stunde ist gekommen, da der Wolf die Sonne verschlingt. Nimmer werden Menschen einen größeren Schaden erleiden. Ein zweiter Wolf holt den Mond ein. Blut spritzt über den Himmel. Die Sterne fallen, die Erde bebt. Tag und Nacht unterscheiden sich nicht. Es donnert und dröhnt vom Sturz der Berge. Yggdrasil zittert bis in die tiefste Wurzel, die Bäume verlieren ihren Halt im Erdengrund. Jetzt zerreißen alle Bande, jede Stütze zerbricht. Loki und der Fenriswolf kommen los. Im Meere wälzt sich die Midgardschlange, dass die Wellen über alles Land branden. Dadurch wird ein Schiff Naglfahr flott. Diesen Namen hat es erhalten, weil es aus den Nägeln verstorbener Menschen gebaut ist. Daher sorge ein jeder dafür, dass er nicht mit ungeschnittenen Nägeln ans Sterben kommt, denn ohnehin wird Naglfahr groß genug werden. Das Steuer dieses Schiffes hält ein Riese namens Rym.

Jetzt buchtet sich die Midgardschlange aufs Land hinauf. Unweit des Wurmes kommt Loki. Ihm folgt ein großes Heer von Riesen und Joten. Auch Utgard-Loki mit seinen Scharen ist da. Diesen voran läuft der Fenriswolf. Seinen Rachen sperrt er so weit auf, dass der Oberkiefer bis zum Himmel reicht, der Unterkiefer am Boden schleift. Wäre der Raum größer, würde er das Manl noch weiter aufsperren. Feuer sprüht dem Wolf aus Augen und Maul, während die Midgardschlange ein Gift speit, so dass sich die Luft über den ganzen Erdkreis vernebelt.

In dieser Wirrnis klafft auf einmal der Himmel auseinander. Durch die entstehende Öffnung reiten in Feuer und Flammen gepanzert die Muspelsöhne hervor. Ihr Führer ist Surt. In der Hand hält er ein Schwert, das so mächtig glänzt, dass sich die ganze Welt davon erhellt. Sie reiten über die Bivrostbrücke, diese aber zerbricht unter den Hufen ihrer Rosse.

Diese Scharen begegnen sich alle auf dem Schlachtfelde Vigrid. Vigrid ist das größte Schlachtfeld, das es je geben wird, und misst nach allen Seiten mehr als hundert Meilen.

Nun steht Heimdall auf, der Wächter der Götter. Hoch hebt er das Gjallarhorn und bläst hinein, dass alles auf der Welt aufhorchen muss. Die Zwerge zucken zusammen hinter ihren steinernen Türen. Den Alben und Elfen, die in Wäldern und Flüssen hausen, stockt der Atem. Nichts ist da, kein Wesen, kein Ding, das nicht bei diesem Laut erbebt. Der Höllenhund Garm bellt heftig vor der Unterwelt Pforte.

Da rüsten sich aber auch die Götter zum Kampfe. In ihrem Heere kämpfen die Einherjer mit, die Seelen jener, die auf Erden heldenhaft ihr Leben einsetzten. Allen voran reitet Odin, den Goldhelm auf dem Haupt, den Speer in der Hand. Ihm, der einst den Menschen die Sprache schenkte, begegnet jetzt das Lügentier, der Fenriswolf. Denn bis Ragnarök werden alle Worte ihre Wahrheit verloren haben. Und das ist der Grund, warum der Wolf seinen Rachen gegen Odin aufsperren kann.

Thor geht gegen die Midgardschlange vor. Heimdall kämpft gegen seinen alten Feind Loki, und beide verwunden einander tödlich. Ty streitet mit Garm, dem Höllenhund, Frey mit Surt. Er wird dann sein gutes Schwert vermissen, das er einst Skirne, seinem Waffenträger, schenkte, als dieser um Gerd warb. So kann er dem Gewaltigen nicht widerstehen und sinkt, von Surts Flammenschwert getroffen, nieder.

In dieser Not kann Thor den anderen Göttern nicht zu Hilfe kommen, denn er hat mit der Midgardschlange die größte Mühe. Zum letzten Mal holt er zum Wurf aus, und nicht verfehlt der Hammer sein Ziel. Zerschmetternd trifft er den Kopf der Schlange. Diese aber speit im Sterben so viel Gift aus, dass Thor nur noch neun Schritte nach rückwärts tun kann, bis er im Eiter ertrinkt.

Odin wird vom Fenriswolf verschlungen. Dann ist aber auch die Stunde Widars gekommen, des schweigsamen Gottes. Er stellt dem Untier seinen rechten Fuß ins Maul. Diesen Fuß schützt ein wunderbarer Schuh. Durch alle Zeiten wurde das Leder gesammelt, aus dem dieser Schuh gefertigt ist. Denn er ist aus den Stücken gemacht, welche die Schuster jeweils vorne bei den Zehen und hinten bei den Fersen abschneiden. Das soll jedermann, der seine Schuhe flickt, bedenken, und nicht unnütz solche Stücke wegwerfen. Armen Leuten sollte er sie geben, dann hilft er mit, dass der Schuh Widars den Zähnen des Wolfes standhalten kann.

Widar fasst den Oberkiefer des Wolfes und reißt ihm das Maul entzwei. Und das ist des Wolfes Vernichtung. Im Kampfe, der sich nun über das ganze Schlachtfeld verbreitet, vernichten sich fast alle gegenseitig. Nur wenige sind neben Widar genannt, die da überleben: Magne, der Sohn Thors und Wale, ein Sohn Odins. Zum Schluss schleudert Surt Feuer über die ganze Erde, dass sie verbrennt. Danach verschwindet sie, von Asche und Schutt bedeckt, ins Meer.

Nach Ragnarök

Alles was entstand, einst muss es vergehen. Allem Vergehen folgt aber ein neuer Anfang. Das wusste die Wala, die Seherin, denn sie hat beides vorausgeschaut: Ragnarök, den Untergang, und den neuen Anfang: Gimle.

Auf sieht sie steigen
Zum anderen Male
Die grünende Erde
Aus Meeres Grund.
Wasserfälle
Da wiederum rauschen;
Fern über Bergen
Der Fischadler fliegt …

Ein Menschenpaar hat Ragnarök überlebt. Es ist Liv und Livtrasi, die in «Hodmimirs Holz» verborgen waren. Mit dieser Bezeichnung kann nur das Innere des Weltenbaumes gemeint sein. Da reifen an einem Orte, von der Welt abgelegen und wohl behütet, die Kinder, die vorbestimmt sind, den Anfang eines neuen Menschengeschlechts zu bilden.

Dann sieht sie den Großen kommen. Seinen Namen darf sie nicht nennen. Er, der Götter Gottheit, begibt sich jetzt auf den Richtstuhl und spricht der Welt ihr neues Schicksal zu. Abgetragen sind die Schulden, Friede soll immer währen. Er, der Große, wird fortan des Friedens und des Gesetzes Hüter sein. Auch die Götter kehren dann zurück und finden sich auf dem Idafeld. Lange erzählen sie sich da von den Geschehnissen der Vergangenheit, vom wüsten Wurm und von der Vorzeit Runen.

Die wundersamen goldenen Tafeln, die längst verlorenen, welche sie in Urzeiten besaßen, finden sie wieder im Gras.

Alles Böse bessert sich. Die Äcker grünen und reifen unbesät. Baldur kommt wieder. Er und Hödur hausen brüderlich im ungeteilten Hof.

Sieht sie den Saal,
Schöner denn Sonne,
Mit Gold beschlagen
Zu Gimle stehen.
Heimat da sollen
Geschlechter haben,
Die voll Freuden
Dem Frieden dienen.

Götterschicksal – Menschenwerden

Was waren dem Menschen der Vorzeit seine Götter?

Ja, so fragen wir. Er, der Mensch des alten Nordens, hätte freilich anders gefragt: Was sind die Menschen den Göttern? Als Traumgestalten nahm er sie wahr. Nicht aber im Schlaf. Sie waren da. Und sie wirkten und woben in allem, was sich als Welt um ihn herum ausbreitete. Vor allem aber im Menschen selbst.

So verstanden, war ihm Ymir noch nicht ganz erstarrt, nicht völlig in äußere Form aufgegangen. Nein, da war noch Leben in allem, was ihm vor Augen schwebte. Das heißt: als Götterwohnung erschien ihm die Welt. Sprache und Taten höherer Mächte wurde ihm alles, was in der Natur geschah: das Rauschen der Wasserfälle, die Wogen des Meeres, Blitz und Donner. Fast wie durchsichtig erschienen ihm alle Dinge. Hinter Bergwänden hausten Riesen, im Wachstum der Kräuter wirkten Alben, unter Baumwurzeln kamen Kobolde hervor, im Gewitter fuhr Thor auf seinem Karren vorüber.

In einer derart durchgeisterten Welt sah und empfand der Mensch auch sich. Und zwar nicht für sich abgesondert, nicht als ein kleiner Teil, sondern, mit allem Geschehen verwoben. Seine Seele war gewissermaßen nicht nur bei ihm. Halb war sie draußen bei Blitz und Donner, beim Rauschen der Flüsse, im Wogen des Meeres. Wechselnde Jahreszeiten, Wachstum und Welken, Licht des Tages, Dunkel der Nacht – dies alles, wie jeder Vorgang draußen in der Natur, war zugleich sein Vorgang und ein Vorgang in ihm. Wenn er in den Tag schaute, da wurde er von der Weltenhelligkeit durchlichtet, wenn er die Luft atmete, da vermeinte er sich vom ganzen Luftkreis durchweht, wenn er Wasser trank, da dünkte er sich von allem Wassersein durchströmt, und wenn er auf der Erde Fuß fasste, von aller Erdenfestigkeit getragen. Er war das Werk der Götter. Er war aber auch ihr Ziel. Doch das zu wissen, war ihm noch nicht gestattet. Darum verlor er sich selbst und vergaß sein Menschensein in jenen geistentrückten Zuständen, da die Götter auf ihn zukamen. So mächtig erschien ihm das Göttersein, dass es sein Eigensein völlig verblassen ließ, wie auch eine schwache Kerze verblassen muss, wenn sie in das Licht der Sonne kommt.

So geartet war vor allem das Erleben der altnordischen Seherin, der Wala. Wenn sie ihre Schauungen hatte, war sie nicht mehr in und bei sich selbst. Ihr Mensch- und Hier-Sein hörte für solche Augenblicke auf. Sie war der Schauplatz, auf dem sich Götter, Riesen, Alben und Zwerge – schlechthin alle Wesen der Welt – begegneten.

In diesem Erleben liegt nun auch begründet, warum sie zwischen Göttersein und Menschensein keine Grenze fand.

Diese Art des Erlebens schwand aber dahin. Immer stärker wurde das Gefühl des Für-sich-Seins. Verbunden damit war auch ein anderes: das Verblassen der Götter. Was ursprünglich in traumhaft-lebendiger Anschauung da war: Odin als der im Winde, aber zugleich in dem zum Worte sich gestaltenden Atem Waltende; Thor als der im Donnerschlag des Gewitters, aber zugleich als der im Menscheninneren Hämmernde – das alles blieb als bloße Erinnerung zurück. Für die unmittelbare Gegenwart waren zuletzt die Götter nurmehr in ihren Wirkungen vorhanden. Sie selbst verbargen sich. Und nach und nach erschien dem Menschen die Welt, die er von sich selbst abtrennte, wie entgöttert.

Aus den Zeiten der Dämmerung jenes alten Erlebens haben wir noch die vielen Sagen, in welchen immer wieder erzählt wird, dass diese oder jene Gottheit die Menschen aufsucht, richtend, helfend oder zur Rede stellend. Dann geht der Einäugige mit dem herabhängenden Hut auf dem Haupt herum, Odin selbst. Durch seine Rätselfragen und seine hohe Belehrung hält er seine Zuhörer im Bann. Zauberhaft wirken seine Worte, die Wissbegierde stachelt er auf. Auf einmal ist er wieder verschwunden. Keiner kann sagen, woher er kam oder wohin er ging.

Dann aber rücken die Zeiten heran, wo auch solcher Besuch immer seltener geschieht. So im letzten Jahrhundert der Wikingerzüge. Um diese Zeit begegnen uns fortwährend Menschen, die, wenn sie nach ihrem Glauben befragt werden, eine sonderbare Antwort geben. «Wir», behaupten sie, «glauben nicht mehr an Odin und Thor, sondern an Maß und Macht der eigenen Kraft!» Was heißt es aber, an Maß und Macht der im Menschen selber gefundenen Kraft zu glauben? –Recht verstanden wohl nur, dass diese Menschen nicht mehr die Götter als Traumgestalten um sich haben, dafür aber eine Macht im eigenen Inneren vorfinden, die sie nun nicht als Göttersein, sondern als ihr eigenes Menschentum ansprechen.

Hin zum Menschen, das war das Ziel aller Götter. Denn der Mensch ist ihr letztes und größtes Werk, berufen, in ferner Zukunft einmal seinen Schöpfern ebenbürtig zu werden, – wie ein Sohn seinen Vätern ebenbürtig ist. Das ist das tiefe Geheimnis des alten Mythos, ein Geheimnis, das dem Menschen erst nach ungezählten Opfern seiner Schöpfer geoffenbart werden konnte.

So darf sich der Mensch als den Altar der Götter erleben, zugleich aber als den, welchem die Opfer gebracht wurden. Darauf gründet sich seine hohe Verantwortung wie auch sein Vorzug allen anderen Geschöpfen gegenüber. In des Menschen Inneres zogen sich die Götter zurück. Ihr Sein haben sie in Menschensein umgewandelt, ihr Schicksal in unsere Hände gelegt.

Das war der Götter großes Opfer:

Götterschicksal ist Menschenwerden.

Zu den Namen

Die Namen der Götter und Gestalten, die in der Edda auftreten, geben oft einen Hinweis auf deren tieferen Sinn. Eindeutig sind sie nicht immer, wie auch die Wesen nicht, die sie bezeichnen wollen. Einige lassen sich unschwer deuten, andere leisten Widerstand. Denn sie wollen nicht ausschließlich etymologisch verstanden, sondern als Lautbilder, d. h. onomatopoetisch erlebt sein.

Afi und *Amma:* «Großvater und Großmutter», Urahnen der Freibauern.

Ai: «Urgroßvater». Stammvater des unfreien Standes.

Alben: «Elfen». Naturwesen. Das eine große Geschlecht der Alben, die Schwarz-Alben, war böse. Das andere, die Licht-Alben, war gut.

Amsvartne: Das finstere Meer in der Unterwelt.

Angerboda: «Die Übelbringerin.»

Asen: Gotisch «Anses». Die Wurzel «ans» oder «ant» bedeutet «stark atmen». Odin, der Vater des Asengeschlechtes, wirkt im Winde und als Sprachschöpfer im Atemstrom. Mit «ans» verwandt ist auch «ansa» = beobachten, wahrnehmen. Asen: «Die uns Wahrnehmenden», «die stark Atmenden».

Asgard: «Hof der Asen».

Ask: «Esche». Das erste Menschenpaar wurde aus zwei Bäumen gebildet (siehe *Embla*).

Audhumbla: «Humbla» bezeichnet eine Kuh ohne Hörner. Audhumbla ein Wesen, in welchem nichts verhärtet ist: «Die reichspendende Ungehörnte.»

Baldur: Dieser Name wird meistens als «Herr» oder «Fürst» gedeutet. Die Wurzel «behl» heißt «schwellen», «größer werden» und lebt in «Ball», «Beule» und zahlreichen Nebenformen weiter.

So verstanden kann der Name Baldur auf das wachsende, aufsteigende Licht des Tages oder des Frühlings bezogen werden.

Barri: «Der verschwiegene Hain.»

Bergelmir: «Bärenhelm» (?). Der Name ist nicht überzeugend gedeutet.

Bestla: «Die Beste», Odins Mutter, Mimirs Schwester.

Bilskirne: «Aufklärendes Wetter», die Burg Thors. Die wohltuende Wirkung des Gewitters mit den dahinziehenden Wolken ist mit diesem Namen gemeint.

Bodn: «Angebot», einer der drei Krüge, in welchen «Kvasirs Blut» aufbewahrt wurde.

Boltorn: Der Vater Mimirs. Der Name ist von «bulr» = Rumpf, Leib und «thorn» = Dorn, Stachel abgeleitet. Sinngemäß: «Der oder das in den Leib Eindringende» (Stachel im Fleisch). – Geisteswissenschaftlich erklärt sich der Name aus dem von Rudolf Steiner geschilderten Vorgang, dass das Vermögen des sich Erinnerns durch ein tieferes Eindringen der höheren Wesensglieder in den physischen Leib des Menschen entstanden ist. Boltorn wäre somit der Walter über diesen Vorgang, und *Mimir* (siehe unten) wird als dessen Sohn bezeichnet.

Brage: «Der sich Auszeichnende», «der Glänzende».

Breidablick: Die Burg Baldurs. «Wo man weit und breit in die Welt hinausblicken kann.»

Brisingamén: Das von einem Zwerge Brising geschmiedete Halsband der Freya.

Bur und *Bure:* «Die Geborenen», Vater und Großvater Odins.

Byleist: «Der durch die Gehöfte Schleichende», Bruder Lokis. (Utgard-Loki?)

Delling: «Zwielicht.»

Draupnir: Der Wunderring Odins, zugleich Name eines Zwerges. Sprachverwandt mit «triefen».

Durin und *Dvalin:* «Dauer und Schlummer.»

Edda: «Urgroßmutter»? Die Deutung ist umstritten.

Einherjer: Die Seelen der Gefallenen, die in Walhall leben. Der Name kann als «kampfbegierige Individualitäten» gedeutet werden (wobei «kampfbegierig» die Energie der Seele bezeichnet).

Elli: «Die Alte.»

Eliwog: «Von Sturmstößen hervorgebrachte Wogen». Sinngemäß:

Rhythmisch sich wiederholende Wogen. – Dieser wie so mancher andere Name wird verständlicher, wenn man auf den Hinweis Rudolf Steiners eingeht, dass die Mythen einen physiologischen Aspekt haben. Welt und Mensch, Makrokosmos und Mikrokosmos entsprechen sich. (Siehe unten *Hvergelmir.*)

Embla: «Ulme» (siehe *Ask*).

Erna: «Die Adlerin.»

Fenriswolf: «Der unzuverlässige Wolf», das Lügentier. («Fen» = Sumpf, der nicht trägt, Boden, auf den man sich nicht verlassen kann.)

Fimbulwinter: «Der große Winter.»

Forseti: «Der Vorsitzende», «Richter».

Fjalar: «Der viel Wissende.»

Fjörgyn: Bezeichnet die Erde. Name eines Riesen, Vater der Frigga. Die Göttinnen haben sehr oft Namen, welche zeigen wollen, dass sie der Erde entstammen.

Folkwang: «Aue des Volkes.»

Freke und *Gere:* «Gefräßigkeit und Gier», die Wölfe Odins.

Frey und *Freya:* «Herr und Frau», «Herrscher und Herrscherin».

Frigga: «Frau», «Gattin».

Garm: «Der Bellende», «Hund». Entspricht Kerberos, vielleicht mit diesem Namen sprachverwandt.

Ganglere: «Der Gehende», Beiname Odins.

Gangnråd: «Der mit guten Ratschlägen», Beiname Odins.

Gere: Siehe *Freke.*

Gerd: «Ge-Erd'», das heißt «aus der Erde». Die Riesentochter, die mit Frey vermählt wurde.

Gevjon: «Die Gebende.» Dies ist auch der Name einer Göttin, die im Gefolge Odins erschien. Durch diesen Namen ist somit angedeutet, dass Gevjon ein Bote Odins ist.

Ginnungagap: Ursprünglich «Gap Ginnunga». Gap ist mit gaffen sprachverwandt: Schlund, Abgrund usw. Ginnung ist von einem altnordischen Zeitwort «ginna» abgeleitet: täuschen, zaubern, Trugbilder hervorbringen. Somit wäre Ginnungagap «der von Zauberbildern, d. h. Imaginationen erfüllte Raum».

Gnipaheller: «Gnipa» ist mit «kneifen» sprachverwandt. Bezeichnet eine enge Höhle in der Unterwelt.

Gullveig: «Goldtrank». Hinter diesem Namen verbirgt sich ein tiefes

Rätsel. Aus dem Zusammenhang scheint hervorzugehen, dass Gullveig zum Geschlechte der Wanen gehört. Diese sind vor allem in den aufbauenden Lebenskräften wirksam. Was wächst und lebt bildet das Feld ihrer Tätigkeit. Kann das Geschlecht der Asen als «Söhne des Tages» bezeichnet werden, so das der Wanen als «Töchter der Nacht». Denn jede Nacht, wenn das Bewusstsein während des Schlafes zurücktritt, heilen die Bilde- und Lebenskräfte wieder aus, was durch das Wachleben am Tage zerstört wurde. So besteht ein Kampf zwischen den Göttern, die mehr das Bewusstsein des Menschen anfachen, und jenen, die dem schaffenden Leben dienen. Dieser Prozess spiegelt sich im Mythos vom Verbrennen der Gullveig in der «Halle des Hohen». Das unverbrannte Herz deutet auf einen unverbrauchten Rest, auf eine Art wuchernden Bodensatz, dessen sich Loki bemächtigen kann.

Gungnir: «Das wogend Vorwärtsdringende.» Von «ganga» = «gehen» abgeleitet. Odins Speer, Sinnbild seiner Sprachkraft.

Gylfe: «Fürst.»

Gymir: «Ge-Ymir», d. h. von Ymir abstammend, der Irdische.

Heid: «Die aus dem Walde, die von der Heide.» Zwischen der «Alten im eisernen Walde», Heid, Angerboda und dem unverbrannten Herz der Gullveig scheint ein geheimer Zusammenhang zu sein.

Heimdall: «Der Helle aus dem Weltall.»

Hel: Sprachverwandt mit «hohl», «Hölle» usw., Herrscherin im Totenreich.

Hermod: «Der Heermutige», Sendbote der Götter.

Himinbjorg: «Berg des Himmels», die Burg Heimdalls.

Hodmimir: «Der schatzbewahrende Mimir.» (Reichtum der Erinnerung.)

Hugin und *Munin:* «Gedanke und Erinnerung.»

Hwergelmir: «Helm, in welchem es wirbelt.» Mikrokosmisch (siehe Eliwog) ist mit Hwergelmir auf die Gehirnbildung gedeutet. Der Helm ist die Hirnschale, die Wirbel das sich bildende Gehirn. Die zwölf Flüsse sind die traumhaft erlebten Gegenbilder der Nervenstränge. Mit Eliwog ist auf den Prozess der Verfestigung hingedeutet. Entsprechend ist Muspelheim die Verbrennungswelt, welche aus dem Stoffwechsel des unteren Menschen die Wärme erzeugt. – Diese Welten, bildhaft empfunden, standen als zugleich kosmische und menschliche Werdekräfte der Seherin vor der Seele.

Hödur: «Der Schatzbesitzer» (?). Eine Sinndeutung dieses Namens ist problematisch. Die Blindheit Hödurs bezieht sich auf die Götterwelt. Diese Blindheit hat die ganze Menschheit ergriffen. Als Bewusstseinsart repräsentiert somit Hödur «das Diesseitige», das Götterblinde, das an den rein physischen Organismus gebundene Lebensgefühl.

Hönir: «Der Lockende, Rufende.» Die indogermanische Wurzel ist «chan» mit der Bedeutung «singen», «locken», «rufen». Somit spielt dieser Name auf Hönirs Beziehung zum Vorstellungsleben des Menschen an. Er ruft die lockende Vorstellungswelt hervor.

Hymir: Bedeutung ungewiss. Hat wahrscheinlich eine Verbindung mit Ymir.

Hyrrokin: «Die im Feuer Geräucherte.»

Idafeld: «Feld der Tätigen.»

Idun: «Die Wirksame.» Sie war Tochter des Elfen- oder Zwergenkönigs Iwaldi. Der Genuss ihrer Äpfel schenkte den Göttern immer neue Jugend. (Vergleiche die griechische Sage von den Äpfeln der Hesperiden.)

Iwaldi: «Derjenige, der vermag», «der es in der Gewalt hat».

Jarl: «Der Adelige» (engl. «earl»).

Jarnsaxsa: «Eisenschwert», ein Riesenweib.

Jotunheim: «Heim der Joten.» (Jotun, ursprünglich «eoten» = «Fresser».) Jotunheim war «ostwärts» gelegen, jenseits Eliwog. Das will aber nicht als ein nur räumlicher Begriff verstanden sein. Denn was jenseits Eliwog lag, ging der von Odin, Wile und We erschaffenen Welt zeitlich voran. Die Joten wirken aus vergangenen Zeiten mit zerstörenden Kräften herüber, eben «fressend». Die Weisheit der Joten bezieht sich immer auf die Vergangenheit. Als Odin etwas über den Urbeginn erfahren wollte, suchte er einen Joten Wafthrudne («der verwickelt Sprechende») auf. Als er Zukünftiges wissen wollte, bediente er sich einer Menschenseele, eben der Wala!

Karl: «Der Kerl», Stammvater des freien Bauernstandes.

Kvasir: «Der Flüsterer.» Die Entstehung Kvasirs, des weisesten aller Geschöpfe, aus dem Zusammenwirken der beiden Göttergeschlechter, der Wanen und der Asen, deutet auf die Entstehung der Sprache, beziehungsweise auf die Sprachorgane hin. Darum sagte man, dass aus Kvasirs Blut der Skaldentrank, der Met der Dichtkunst, entstanden sei.

Laufey: «Laubinsel», die Mutter Lokis. Geisteswissenschaftlich scheint es, wenn Loki als der Laufeysohn bezeichnet wird, als sei damit seine Herkunft aus einem Erdenzustand angedeutet, der «laubhaft», d. h. noch nicht mineralisiert war. (Siehe Rudolf Steiner, *Geheimwissenschaft im Umriss.*)

Lidskjalf: «Bank an der Türöffnung.»

Liv und *Livtrasi:* «Die Lebende und der auf Leben Wartende.»

Loge: «Flamme.»

Loki: Der Name ist zweideutig. Wahrscheinlich kommt er von «luka» = erschließen, erklären, abschließen, «Ende machen». Diese Vieldeutigkeit liegt durchaus im Wesen Lokis begründet. Er ist der Luzifer des altnordischen Mythos. Zeitweilig ist er den Göttern verbunden und hilft ihnen in mancher Not. Doch löst sich durch Loki die Weisheit von den erschaffenen Dingen ab. In ihrer Losgelöstheit wird sie zu jener List, welche Loki seine Macht verleiht. Verführend wirkt diese List. Dem Menschen bringt sie die Selbstsucht (Midgardschlange), die Lüge (Fenriswolf) und letztlich den Tod (Hel).

Lorride (Hlorride): «Blitzeschleuderer», Beiname Thors.

Lödur: Mit deutsch «lodern» verwandt, Lödur wirkt in der Blutwärme und im Stoffwechsel. Er facht «das Feuer» an, dasjenige, was dem Menschen seine Farbe von innen her gibt, kurz was ihm seine Erscheinung verleiht.

Magne: «Der Starke», Sohn Thors.

Mode: «Der Mutige», Sohn Thors.

Modsogne: «Metsauger». Scheint ein Beiname Mimirs zu sein, dann aber auch Name eines Zwerges.

Menglad: «Die Schmuckfrohe», Beiname der Freya.

Midgard: «Die mittlere Welt», die dem Menschen angewiesen war. Auf der einen Seite, «oben», von Asgard, der Götterburg, auf der anderen Seite, «unten», von Jotunheim umgeben. So in der «großen Welt». In der «kleinen» Welt, im Menschen selber, entspricht Midgard dem rhythmischen Menschen, d. h. Herz und Atmung. – In der Brust erlebte der frühere Mensch den eigentlichen Sitz seiner Seele. Von unten aus dem Stoffwechsel brandete Muspilheim heran. Die kalte Welt fühlte er aus der Kopfregion kommend. (Vergleiche *Asen*.)

Mimir: Mit «memoria», «memory» usw. sprachverwandt. Mimir ist der Träger der Welterinnerung. Wie er in der Edda dargestellt ist, gehört er einer höheren Wesensordnung an als die den Menschen näher stehenden Asen.

Mistel: Diese Pflanze, die nicht auf der Erde wächst, sondern an Bäumen schmarotzt, stand dem «Sohne der Laufey» (siehe oben) zur Verfügung. Sie entstammt, eben weil sie nicht in der Erde Wurzel fassen kann, derselben Weltenvergangenheit, aus der Loki hervorging (Näheres bei Rudolf Steiner).

Mjölnir: «Der Zermalmer.»

Mundilfare: Dieser Name steht mit «Mond» in Verbindung. Er will einen bestimmten Zeitpunkt andeuten.

Muspelheim: «Ort des vernichtenden Feuers». Der Wärmepol des Weltenanfangs.

Naglfar: «Aus Nägeln gebautes Fahrzeug.»

Nanna: «Die Tätige.»

Narwe (Nörwe): «Der Eingeengte», altgerm. «narwa» = eng, schmal.

Nidhögg: «Neidhacker.» Mit diesem Namen ist auf das Lebenverzehrende, das im Nervensystem wirkt, hingedeutet. (Vergleiche den griechischen Mythos vom Haupt der Medusa.)

Nivlheim: Wörtlich «Nebelheim». Die Altgermanen erlebten Welt und Mensch als aus einer Polarität entstanden. Nivlheim war die Bezeichnung des frostig-kalten Poles. (Siehe *Muspelheim*.)

Noatun: «Hof der Schiffe.»

Nornen: Von «nyrna» = «heimlich mitteilen» abgeleitet. Hüterinnen des Schicksals.

Od, Odr: «Gemüt», «Seelenleben».

Odin: Althochdeutsch «Wuodan», später «Wotan». Sprachverwandt mit «waten» und «wüten», d.h. «mächtig vorwärtsdrängen». Odin ist die Gottheit, die vorzugsweise im Sturme waltet – im Atemzuge, der die Lunge erfüllt. Und im Wind, der den Wald durchbraust. Draußen in der großen Welt bringt er Gebüsch und Bäume zum Sprechen, das Rauschen in den Wipfeln, das Knacken des Geästs. – Im Menschen fasst er dies alles in Worte zusammen,

Worte, welche der Natur selbst abgelauscht sind. Die Sprache, die Odin dem Menschen verlieh, war eine onomatopoetische, und darin lag ihre Zaubergewalt begründet. Odin-Wotan ist weitaus der Komplizierteste der nordisch-germanischen Götter.

Onar: Dieser Name hängt wahrscheinlich mit einer Wurzel «oan» oder «wan» zusammen, die im deutschen Wort «wähnen», «Wahn» weiterlebt: erträumen, erahnen, erwarten. Sinnvoll wäre «Onar» schlechthin als «Traum» oder «Traumwesen» zu verstehen. Demnach wäre die Erde aus «traumschwangerer Nacht» hervorgegangen. (Man erinnere sich an Shakespeares bekanntes Wort: «Wir sind vom gleichen Stoff, aus welchem Träume sind gewoben.»)

Ragnarök: «Schwinden der Götter», «Götterdämmerung». Gemeint ist vor allem eine Bewusstseinswandlung, die nach Baldurs Tod eintreten musste. Das alte traumhafte Hellsehen schwindet, fortan ist dem Menschen nur «wirklich», was sinnfällig erscheint.

Räsvelg: «Leichenverschlinger». Die Schwüle, die dem Sturm und dem Gewitter vorangeht, wurde als «verleichte» Luft erlebt. Der Sturm verschlang diese tote Luft. Als Bilderlebnis entstand der riesige Adler, der den Wind durch seine Flügelschläge hervorbrachte.

Regin, Rig: «Herrscher», «höheres Wesen».

Rungnir: «Der Knirschende», «Krachmacher».

Rym (Hrym): «Der Abfällige», «der Ausgelebte».

Sessrymne: «Wo es viele Sitzplätze gibt.»

Sindre: «Der Funkensprühende.» Name des Zwerges, der Mjölnir schmiedete.

Siv: Mit deutsch «Sippe» (Geschlecht) sprachverwandt. Siv war mit Thor vermählt.

Skade: «Schade», «den Gegenmächten entstammend».

Skidbladnir: «Aus blattdünnen Brettern gebildet».

Skirne: Von «skirna» abgeleitet, d. h. «sich läutern», «klären».

Sköll und *Hati:* «Ränke und Hass».

Skrymir: Von «skräma» gebildet, d. h. «erschrecken». Damit verwandt ist «skrymt» = «Gespenst».

Skuld: «Sollen», «Schuld». Dieser Name bezieht sich auf die Zukunft, auf das, was man gemäß seinem Schicksal abtragen muss. Darum heißt eine der drei Nornen Skuld.

Sleipnir: Sprachverwandt mit «schlüpfen». «Der schnell Schlüpfende».

Son: «Opfer» (mit «sühnen» sprachverwandt). Eines der drei Gefäße, in welchen der Skaldenmet, Kvasirs Blut, aufbewahrt wurde.
Surt: «Der Schwarze.»
Suttung: «Der Gewaltsame» (?).
Svadilfare: «Der über glatte Felsen Fahrende.»
Tanngnjost und *Tanngrisne:* Die Böcke, die Thors Wagen vorgespannt sind. «Zähneknirscher.»
Thjassi: Deutung ungewiss.
Thor: Deutsch Donar, «Donner». Durch die Gestalt Thors fühlten die altnordischen Menschen ihr eigenes Ich-Bewusstsein angesprochen.
Thöck: «Dank.» (Der Name ist ironisch.)
Thräl: «Höriger.» Stammvater des unfreien Standes.
Thrym: Von «thruma» = «lärmen» abgeleitet.
Thrudwang: «Aue der Getreuen.»
Thursen: «Dunkle Wesen», werden oft den Joten gleichgestellt und einfach als Riesen aufgefasst. Ursprünglich war das anders. Da bezeichnete man die Urwesen, die mit einer Welt verbunden waren, die der heutigen voranging, als Thursen. Das geht klar aus einer Stelle der jüngeren Edda (Gylfaginning) hervor. Es wird dort gefragt, wo der Weltenschöpfer war, als er noch nicht die gegenwärtige Welt erschaffen hatte. Die Antwort lautete: «Da war er bei den Thursen.»
Thyra: «Sklavin.»
Tjalfi: Deutung ungewiss.
Ull: «Der Wollene» (?).
Urd: «Aus der Urzeit.» Urd war die Vornehmste der drei Nornen.
Utgard-Loki: «Der Loki der Außenwelt.» Die nordisch-germanische Mythologie sondert zwischen zwei Prinzipien des Bösen. Das Erste – dessen Repräsentant Loki, der Laufeysohn, ist – wirkt verführend im geistig-seelischen Sinne. Das heißt: Loki tritt an den Menschen heran aus den Reihen der Götter. Das Zweite, Utgard-Loki, bewirkt die Täuschungen, welche die Seele von außen umfangen, damit der Mensch die Wesen nicht durchschaut, die sich hinter der sinnfälligen Welt verbergen. – Bei Saxo Grammaticus findet sich eine recht drastische Beschreibung der unterirdischen Höhlen Utgard-Lokis. Alles ist dort verhornt und verhärtet. Im äußersten

Norden, wo die Sonne nie scheint, wo alles kalt und finster ist, befindet sich der Eingang zu diesen gifterfüllten Höhlen.

Wala, altnordisch *Volva:* Die Wahrsagerin, Seherin. Wörtlich: «Die mit den Opferstäben Vertraute.» Um das Schicksal oder den Willen der Götter zu ergründen, wurden durch ein besonderes Vorgehen Stäbe oder Blutspäne, sogenannte «volr», in Haufen zusammengeworfen. Die dadurch entstandenen Runen wusste die Wala zu deuten. – Vielleicht darf aber auch «Völva» in seinem Anklang an «Wolf» empfunden werden, obwohl das rein etymologisch kaum zu begründen ist. Unter den Tieren wurde der Wolf als ein im besonderen Maße besessenes Wesen erlebt. Deshalb wurde mit «Wolf» sehr oft jenes eigenartige Verhältnis angedeutet, das dann eintrat, wenn ein Mensch von höherer Macht in Besitz genommen wurde – im guten wie im bösen Sinne. Die vielen Sagen von Werwölfen hängen damit zusammen, vermutlich auch das häufige Vorkommen von «Wolf» als End- oder Vorsilbe altgermanischer Namen.

Walhall: «Halle der Gefallenen.»

Wanen: Mit deutsch «wähnen» sprachverwandt. «Die Wähnenden.» Altnordisch «van» = «erhoffen», «erwarten». «Die Erwartenden.»

Widar: «Der Umfassende», «der weit Herrschende».

Wile und *We:* Sprachverwandt mit «Wille» und «Weihe». Die Dreiheit Odin, Wile und We sind als eine aus dem geistigen Kosmos stammende Seelentätigkeit zu verstehen. Diese im Ursprung wirkende Dreiheit deckt sich nicht ganz mit der späteren Dreiheit Odin, Hönir und Lödur, die bei der Bildung des Menschen tätig war. Letztere findet in den menschlichen Seelenkräften Fühlen, Vorstellen und Wollen ihre Fortsetzung. Eine Verschiebung hat stattgefunden. In der ersten Dreiheit steht Odin mehr für das Denken, gewissermaßen als die «aus Weltgedanken schaffende Gottesmacht», Wile und We für das entsprechende Wollen und Fühlen. In der auf den Menschen gerichteten Dreifaltigkeit wirkt Odin durch die Atmung sprachschöpferisch, während Hönir die Empfindung und den Sinnesreiz entzündet und Lödur in der Blutwärme den Willen auflodern lässt. Die Verschiebung scheint dadurch einzutreten, dass die ursprüngliche, bei der Weltschöpfung tätige Dreiheit sich im Menschen in eine Vierheit wandelt. Zu Denken, Fühlen und

Wollen kommt ein Gemisch hinzu, das mit der Sinneswahrnehmung aufgerufen wird. (Man erinnere sich an die vier Könige in Goethes *Märchen von der grünen Schlange und der schönen Lilie*.)

Wor: Eine Göttin, die über der Ehe waltete.

Yggdrasil: «Ygg» ist ein Gottesname. Er bedeutet «der Furchterregende». Odin gibt sich mitunter diesen Namen, sprachverwandt mit «ek» und «ich». Das Gottes-Ich rief beim Menschen immer Furcht hervor. «Drasil» = «Träger», «tragendes Tier». Daraus erklärt sich «Yggdrasil» als «Ich-Träger». Yggdrasil ist der Lebensbaum, der das ich-begabte Wesen trägt.

Ymir: Das ineinander fließende, allumfassende Urwesen. Näheres darüber bei Rudolf Steiner im 4. Vortrag des Zyklus über *Ägyptische Mythen und Mysterien*. Es heißt da: «Gleichsam die Urform der Gottheit sah der Einzuweihende im Geiste, und die Tiere sah er als Nebenformen, auch die Pflanzen sah er als Nebengestalten, die erst später entstanden waren. Alles das, was hier an niederen Reichen lebt, alles das sah der atlantische Einzuweihende an als erst aus der Menschengestalt hervorgegangen.»

Wahrscheinlich ist Ymir mit altiranisch «yama», indisch «Jama» sprachverwandt. Yama war den Iranern der Urmensch, Jama die Todesgottheit der Inder (Ymir ist das erste Wesen, das je gestorben ist).